AF648155

Marta Ullmann

ulmer

Mein DINKEL BACKKURS

Die besten Rezepte rund um Dinkel

INHALTSVERZEICHNIS

Mohn-Sesam-Knoten SEITE 51

Handsemmeln SEITE 55

Karottenbrot SEITE 63

Rustikale Walnuss-Stangen SEITE 69

Pa Dalí SEITE 73

Moña gallega SEITE 75

Dinkel-Gersten-Brot SEITE 83

Chia-Karotten-Brötchen mit Skyr SEITE 97

Kürbiskernbrot SEITE 101

Baguette SEITE 107

Halb-Vollkorn-Toast SEITE 109

Sauerteig-Focaccia SEITE 119

Schoko-Brioche SEITE 133

Hefezopf SEITE 139

VORWORT

Weizen tut mir und meiner Gesundheit nicht gut. Das war der Auslöser dafür, mich mit Dinkel und anderen Urgetreidesorten zu beschäftigen. Wegen der in Bäckereien sehr beschränkten Auswahl an weizenfreien Backwaren (auch ohne Ei wegen einer weiteren Unverträglichkeit) stand für mich schnell fest: Ich muss das Backen erlernen und selbst backen. Also fing ich 2017 an, nach Ideen in Blogs und auf Social Media zu suchen. Doch gute Dinkelrezepte waren damals noch sehr dünn gesät. Deshalb begann ich relativ schnell, Weizenrezepte für Dinkel umzuschreiben. Ich wollte gesunde und bekömmliche Brote backen, die vor allem richtig gut schmecken!

In diesem Buch nehme ich dich mit auf eine spannende Reise in die Welt des Brotbackens. Zum Einstieg findest du im ersten Rezeptkapitel Brote nur mit Hefe. Danach kannst du dich aufmachen zur Königsdisziplin des Brotbackens: reine Sauerteigbrote. Das Theoriekapitel zu Sauerteig und zu Lievito Madre gibt dir die notwendige Sicherheit, um aktiven Sauerteig und/oder Lievito Madre zu züchten und zu pflegen. Weiter geht's dann mit Broten mit gemischter Führung (Hefe und Sauerteig). Sie profitieren vom Geschmack des Sauerteigs und gelingen sicher dank kleiner Mengen Hefe. Zum Abschluss lernst du noch besondere Backwaren wie Pizza, Focaccia, Osterbrot, Stollen, Hefezopf und Donuts kennen.

Auch einige typische Backwaren meiner spanischen Heimat haben den Weg ins Buch gefunden: „Pa Dalí“, „Moña gallega“, „Coca catalana“ und „Ensaïmada“ sind wunderbare Beispiele für die spanische und katalanische Brotkultur.

Ich wünsche dir viel Spaß beim Lesen und Backen und vor allem jede Menge gesunden Genuss.

Marta Ullmann

1

DINKEL

Was macht ihn so besonders?

Dinkel ist eine Unterart des Weizens und doch kein Weizen. Zum Einstieg in meinem Backkurs gebe ich dir einen kurzen Abriss seiner wechselvollen Geschichte und erkläre dir vor allem seine Unterschiede zu Weizen.

DIE GESCHICHTE DES DINKELS

Dinkel oder Spelz (Triticum aestivum ssp. *spelta) ist eine alte Getreideart. Sie gehört zur Gattung und weit verzweigten Familie des Weizens.*

Die ältesten Funde von Dinkel stammen aus jungsteinzeitlichen Siedlungen in Westgeorgien und Mesopotamien. Sein Weg nach Europa lässt sich anhand archäologischer Funde verfolgen: Über das Schwarze Meer gelangte er nach Bulgarien, Polen, Schweden und Dänemark. In Mitteleuropa kann man den Anbau von Dinkel jedoch erst seit 1100–800 v. Chr. nachweisen.

Außer im Süden Europas war Weizen bis weit ins 20. Jahrhundert eigentlich keine Alternative zu Dinkel, denn er war zu anspruchsvoll und zu wärmebedürftig. Sogar in der Kleinen Eiszeit (1400–1850) bevorzugte man Dinkel, da er mit den schlechten Wetterbedingungen wesentlich besser zurechtkam. Noch am Ende des 19. Jahrhunderts war Dinkel die wichtigste Getreideart im Südwesten Deutschland.

Ab 1945 jedoch gingen die Dinkelanbauflächen allmählich zurück und verschwanden bis auf wenige Flächen für den Anbau von Grünkern fast ganz. Der Grund: Mit dem steigenden Wohlstand nach dem 2. Weltkrieg bevorzugte man eher helles Brot. Dazu kam, dass zu dieser Zeit der Weichweizen durch entsprechende Züchtung winterfest und ertragreich gemacht wurde. Außerdem sparte man sich beim Mahlen von Weizen einen Arbeitsschritt: das Entspelzen. So wurde in Deutschland ab den 1960er-Jahren hauptsächlich Weizen kultiviert. Dinkel wurde nur noch dort angebaut, wo Weizen nicht gedeihen konnte, sowie auf mageren, steinigen oder nicht so tiefen Böden.

WIE DER DINKEL ENTSTAND

Die Entstehung der sogenannten Weizenfamilie (Gattung triticum) beginnt mit dem wilden Einkorn. Durch Kreuzungen mit wilden Weizenarten entstanden mehrere Unterarten (ssp. = subspecies). Dinkel und Weichweizen entstanden aus der spontanen Kreuzung von Wild-Emmer und Ziegen-

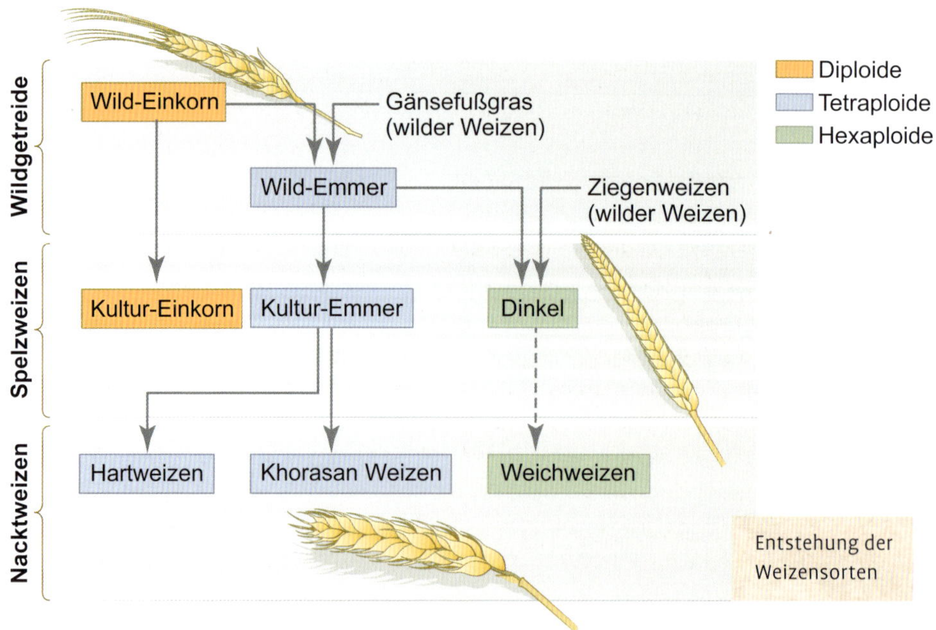

Entstehung der Weizensorten

weizen (wilde Weizenform). Die Unterarten auf der rechten Seite der Abbildung (grün) sind produktiver als die Unterarten links. Allerdings sind sie auch anspruchsvoller.

Daneben existieren noch viele weitere Weizenformen: So soll es 19 bis 25 Unterarten des Weizens (also der Gattung triticum) geben.

DINKEL UND HILDEGARD VON BINGEN

Dinkel wird sehr oft mit Hildegard von Bingen (1098–1179) in Zusammenhang gebracht und bildet eine der Hauptsäulen ihrer Ernährungslehre. Zu Lebzeiten von Hildegard von Bingen waren die Klöster für die medizinische Grundversorgung der Bevölkerung zuständig. Anhand ihrer Erfahrungen mit bestimmten Lebensmitteln bei sich selbst und bei anderen teilte sie diese in zwei Gruppen ein: gesunde und wenig gesunde Lebensmittel. Dinkel gehörte zu den gesunden Lebensmitteln und war in allen drei Fastenkuren erlaubt. Vor allem lobte sie seine leichte Verdaulichkeit.

„Der Dinkel ist das beste Getreide, er ist warm und fett und kräftig, und er ist milder als andere Getreidearten. Er macht frohen Sinn und Freude im Gemüt des Menschen."

(Hildegard von Bingen)

DINKELSORTEN UND WEIZENFREIHEIT

Um die Standfestigkeit und den Ertrag des Dinkels zu verbessern, nahm man Kreuzungen von Dinkelsorten mit anderen Dinkelsorten wie auch mit Weichweizen vor. Während Schwabenkorn und Oberkulmer Rotkorn einen geringen bis mittelgeringen Ertrag haben, wurde dieser bei gezüchteten Sorten wie Schwabenspelz, Franckenkorn, Badengold und Zollernspelz deutlich bis auf das Niveau von Weichweizen verbessert.

Leider gibt es keine Kennzeichnungspflicht, ob ein Produkt mit einer reinen Dinkel- oder einer Dinkelweizensorte hergestellt wurde. Auch die Sortenlisten aus Deutschland, Österreich und der Schweiz liefern keinen Hinweis dazu. Will man genau wissen, welche Sorte man kauft, muss man direkt beim Hersteller nachfragen.

Mittlerweile ist es aber möglich, anhand des Proteinmusters – besonders des Gliadinmusters – reine Dinkelsorten von mit Weizen gekreuzten Sorten zu unterscheiden. So wurde 2006 bei einer Untersuchung der Deutschen Forschungsanstalt für Lebensmittelchemie des Hans-Dieter-Belitz-Instituts für Mehl- und Eiweißforschung anhand des Gliadinmusters ermittelt, welche Sorten Weizenmerkmale aufweisen und welche nicht. Leider finden sich nur wenige der untersuchten Sorten in den aktuellen Sortenlisten wieder, wie die Tabelle Seite 12 zeigt. Eine Wiederholung der Untersuchung mit den aktuell zugelassenen Sorten wäre sicher von Gewinn für alle, die sich für die Weizenfreiheit von Dinkelsorten interessieren.

REINE DINKELSORTEN	DINKELWEIZENSORTEN
Altgold Rotkorn	Albin
Ebners Rotkorn*	Alkor
Fuggers Babenhausener	Franckenkorn*
Neuegger Weißkorn	Früher Dinkel
Oberkulmer Rotkorn*/***	Hercule
Ostro**/***	Hubel
Schwabenkorn*	Renval
Steiners Roter Tiroler**	Roter Schlegeldinkel
v. Rechbergs Brauner Dinkel	Rouquin
Vögelers Dinkel	Waggershauser Hohenheimer
Zeiners Weißer Schlegeldinkel	
Zuzger Dinkel	

* In der letzten Bundessortenliste Deutschlands enthalten.
** In der letzten Bundessortenliste Österreichs enthalten.
*** In der letzten Bundessortenliste der Schweiz enthalten.

Bei den reinen Dinkelsorten erkennt man ältere Sorten wie Fuggers Babenhausener (1916), Oberkulmer Rotkorn (1948) und Vögelers Dinkel (< 1904), aber auch relativ neue wie Ostro (1978) und Schwabenkorn (1988). Bemerkenswert ist, dass zwei alte Dinkelsorten als nicht frei von Weizen identifiziert werden konnten. Das sind der Rote Schlegeldinkel (< 1904) und der Waggershauser Hohenheimer (1923). Somit lässt sich ausschließen, dass man anhand des „Alters“ einer Dinkelsorte sagen kann, ob diese frei von Weizen ist oder nicht. Diese Festlegung kann nur anhand der Analyse des Gliadinmusters erfolgen.

WARUM DU DINKEL LIEBEN WIRST

Einige Dinkelsorten verleihen dem Brot einen würzigen, zimtigen oder nussigen Geruch und Geschmack. Vor allem bei Dinkel-Vollkornmehl kommt der Geschmack voll zur Geltung. Doch das ist nicht der einzige Vorteil.

SEINE UNTERSCHIEDE ZU WEIZEN

Im Unterschied zu Weizen wachsen Dinkelkörner von einer holzigen äußeren Hülle (Spelz genannt) geschützt. Diese Spelze sind wie eine Art Mantel, der das Getreidekorn vor Witterung, Schädlingen und Getreidekrankheiten schützt. Weiterhin haben alte Dinkelsorten höhere Halme, sodass die Ähre nach Regen besser trocknen kann, was wiederum den Befall durch Schimmel und Pilze reduziert. Dinkel benötigt also von Natur aus weniger chemische Abwehrstoffe gegen Fressfeinde. Spelzgetreide (dazu zählen auch Emmer, Hafer und Gerste) eignen sich deshalb sehr gut für den Bio-Anbau.

Reine Dinkelsorten (siehe Tabelle links) enthalten keine Omega-Gliadine – im Gegensatz zu Weizen oder zu mit Weizen gekreuzten Dinkelsorten. Omega-Gliadine sind Träger von Inhibitoren, die die Verdauungsenzyme hemmen. Wenn du also deine Verdauung unterstützen willst, lohnt es sich zu reinen Dinkelsorten zu greifen.

Dinkel-Vollkornmehl hat mit 40 einen niedrigen glykämischen Index (GI). Der von Weizen Vollkornmehl liegt im Vergleich dazu bei 65. Nahrungsmittel mit einem niedrigen GI werden im Körper langsamer zu Zucker abgebaut, der Blutzuckerspiegel steigt weniger und Blutzuckerspitzen werden reduziert.

» Glykämischer Index (GI)

Maß zur Bestimmung der Wirkung eines kohlenhydrathaltigen Lebensmittels auf den Blutzuckerspiegel. Je niedriger der glykämische Index, desto weniger und langsamer steigt der Blutzuckerspiegel an.

SEINE VERTRÄGLICHKEIT

„Vertrage ich Dinkel, wenn ich Weizen nicht vertrage?" Diese Frage lässt sich gar nicht so einfach beantworten. Denn es hängt davon ab, was du bei Weizen nicht verträgst. So dürfen Menschen mit Zöliakie keine Produkte essen, die Gluten enthalten. Also dürfen sie auch keinen Dinkel verzehren.

Menschen, die unter einer Weizenallergie leiden, reagieren auf eines der Weizenproteine. Sie dürfen also keinen Weizen essen. Über den IgE-Antikörpertest kann man austesten, welches der Gliadine die Allergie verursacht. Reagierst du auf die Omega-Gliadine, darfst du Dinkel essen, denn er enthält keine. Reagierst du jedoch auf andere Gliadine, darfst du auch keinen Dinkel essen.

» Gluten

Alte Getreidesorten enthalten sogar mehr Gluten (Klebereiweiß) als Weizen, doch hat es eine andere Zusammensetzung: Gluten besteht hauptsächlich aus Glutenin und Gliadin. Der starke Kleber Glutenin hält Teige in Form, der weiche Kleber Gliadin sorgt für ihre Elastizität. Bei modernem Weizen beträgt das Verhältnis Glutenin zu Gliadin 2:1. Bei alten Getreidesorten ist das Verhältnis genau umgekehrt, sie enthalten also mehr Gliadin als Glutenin.

2

DIE GRUNDLAGEN

Bevor du loslegst

Welche Zutaten brauche ich? Welches Werkzeug hilft mir bei der Arbeit in der Backstube? Und wie ist das mit dem Sauerteig? In diesem Kapitel erfährst du alles, was du für das Brotbacken wissen musst.

VERARBEITUNGSFORMEN VON DINKEL UND GRÜNKERN

Dinkel kannst du in verschiedenen Verarbeitungsformen und Mahlgraden kaufen. Je nach Land haben die einzelnen Mehlsorten andere Namen.

» **Grünkern** ist das halbgrün geerntete und künstlich getrocknete Dinkelkorn. Es hat einen hohen Gehalt an Vitaminen der B-Gruppe (wichtig für Gehirn und Nerven) sowie reichlich Phosphor und Magnesium. Grünkern kann als Korn, Flocken, Schrot oder Mehl (Vollkorn) verwendet werden.

» **Dinkelkörner** können ganz, geschrotet oder gemahlen verwendet werden. Ganze Körner können gekocht oder gekeimt zum Teig gegeben werden.

» **Dinkelflocken** werden dem Teig meist als Quell- oder Brühstück zugefügt. Als Dekor machen sie Brot und Brötchen besonders knusprig.

» **Dinkelschrot** ist das grob zerkleinerte Getreide, es wird meist als Brühstück verwendet. Dinkelgrieß wird nur aus dem inneren Teil des Korns gewonnen und ebenfalls grob zerkleinert. Er wird gerne zum Formen von Pizza und Focaccia benutzt.

» **Dinkelmehl** kann man in Deutschland in den **Typen 405, 630, 812 und 1050** kaufen. Die Zahl gibt an, wie viele Mineralstoffe in mg in 100 g Mehl vorhanden sind. Je größer die Typenzahl, desto mehr wurde vom Korn vermahlen. Je kleiner die Typenzahl, desto heller ist das Mehl und desto weniger Randschichten des Korns enthält es.

» **Dinkelkleie** besteht aus den Schalen, die bei der Getreideverarbeitung nach Absieben des Mehls zurückbleiben. Kleie hat einen sehr hohen Anteil an Ballaststoffen und wird beim Brotbacken meist als Brühstück verwendet.

» **Dinkel-Vollkornmehl** wird aus dem voll ausgemahlenen Getreidekorn mit allen Faseranteilen und dem Keimling hergestellt. Mikrofeine Vollkornmehle sind sehr fein gemahlen und können dadurch mehr Wasser aufnehmen. Mit ihnen erreicht man ein besseres Volumen bei Vollkornbackwaren.

» **Dinkel-Ruchmehl** wird nach dem Entzug eines Teils des Weißmehls (ca. 20 %) gewonnen. Es enthält deshalb mehr Schalenanteile, Eiweiß, Mineralstoffe und Vitamine als Weißmehl. Dank des hohen Ballaststoffanteils kann es auch mehr Wasser aufnehmen.

Längsschnitt durch ein Dinkelkorn

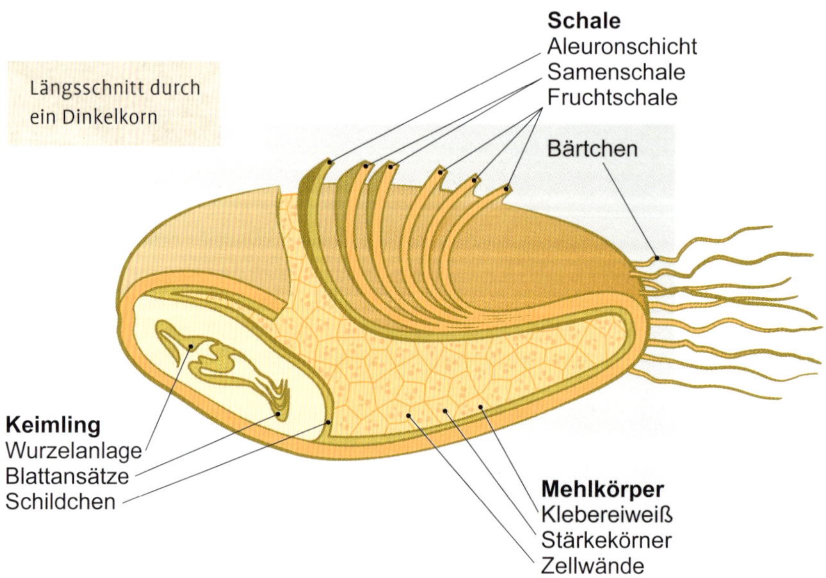

DEUTSCHLAND	ÖSTERREICH	SCHWEIZ	ITALIEN	FRANKREICH
Type 405	D480	–	Tipo 00	T45
Type 630	D700	Weißmehl	Bianca / Tipo 0	T55
Type 812	–	Halbweißmehl	Tipo 1	T65
Type 1050	D1500	Ruchmehl	Tipo 2	T80
Vollkornmehl	Vollkornmehl	Vollkornmehl	Integrale	T110

Mehl ist ein Naturprodukt. Getreide wird beim Wachstum sehr stark von Wetter und Anbauort beeinflusst und besitzt dadurch immer leicht unterschiedliche Backeigenschaften. Die Mühlen versuchen diese Unterschiede auszugleichen, trotzdem musst du diesen Umstand beim Backen immer berücksichtigen. Vor allem die Wasserangaben in den Rezepten sind als Richtwert zu verstehen, denn je nach Mühle hat das Mehl eine andere Qualität und nimmt eine andere Wassermenge auf. Sogar bei Mehl aus der gleichen Mühle kann die Wasseraufnahmefähigkeit je nach Charge schwanken.

Mein Tipp: Starte immer erst mit 80 % der angegebenen Wassermenge. Den Rest gibst du unter Beobachtung des Teigs dann nach und nach zu, bis die Wassermenge für das verwendete Mehl passt.

» In den Rezepten verwende ich nur Dinkelsorten, die du problemlos in Deutschland bekommst. Bei besonderen Mehlen gebe ich immer eine heimische Sorte als Alternative an.

HILFREICHE ZUTATEN

Dinkel neigt zum Trockenbacken, weil er weniger Wasser als Weizen aufnehmen kann. Spezielle Zutaten jedoch bewirken eine bessere Wasserbindung im Teig.

Zudem ist das Klebereiweiß von Dinkel weniger fest und dehnbarer als das von Weizen – und somit instabiler. Mit bestimmten Zutaten lässt sich das Gutengerüst unterstützen.

Altbrot

Es sorgt für mehr Aroma im Brot. Dafür wird gewürfeltes altbackenes Brot in einer Pfanne ohne Öl leicht angeröstet. Alternativ kann man dafür auch die Restwärme des Ofens nach dem Backen nutzen. Nach dem Abkühlen werden die Würfel zu Bröseln gemahlen. Bei sehr hellen Broten, bei denen keine Röstaromen erwünscht sind, kann man das trockene Brot auch ungeröstet vermahlen.

Als Referenz verwendet man 5 % Altbrot (bezogen auf die Gesamtmehlmenge) und lässt sie mit der 2-fachen Menge an Wasser quellen. Als Brühstück nimmt Altbrot die 3-fache Menge an Wasser auf. Alternativ kann man die ganzen Brotwürfel mit dem Wasser quellen lassen und dann im Mixer fein pürieren.

Butter und Öl

Dinkel ist ein trockenbackendes Getreide. Deshalb ist es von Vorteil, dem Teig 1–3 % Fett – in Form von Butter oder Öl – zuzugeben. Alternativ kannst du auch einen Teil der Flüssigkeit durch Buttermilch oder Milch ersetzen.

Buttermilch

Sie entsteht als Nebenprodukt bei der Herstellung von Butter. Buttermilch hat einen niedrigen pH-Wert (4,4–4,6), ähnlich dem von reifem Sauerteig, und erzeugt im Brot eine lockere und eher feinporige Krume. Durch die Säure bleibt das Brot länger saftig, frisch und schimmelt nicht so schnell. Zudem karamellisiert der in der Buttermilch enthaltene Milchzucker an der Oberfläche und verbessert Aroma und Optik der Kruste.

Als Richtwert werden in den Rezepten 25 % Buttermilch (mit 1 % Fett) verwendet. Die restliche Flüssigkeit bis zur gewünschten Teigausbeute ist Wasser.

KARTOFFELN
BUTTER UND ÖL
BUTTERMILCH
LEINSAMEN
CHIASAMEN
FLOHSAMEN-
SCHALEN
ALTBROT
SAFT VON ZITRUSFRÜCHTEN

Chia- und Leinsamen

Beide können ganz oder gemahlen zum Teig gegeben werden. Sie geben dem Brot einen kernigen Biss und zusätzliches Aroma, bleiben aber im Teig sichtbar.

Als Referenz verwendet man 2 % Leinsamen (bezogen auf die Gesamtmehlmenge) und lässt sie mit der 2-fachen Menge an Wasser quellen. Wer Chiasamen bevorzugt, lässt 2 % (bezogen auf die Gesamtmehlmenge) mit der 8-fachen Menge an Wasser quellen.

Flohsamenschalen

Die Schalen des Psylliums (Wegerichart) sind ganz oder gemahlen erhältlich und binden enorme Mengen Wasser. Die Samen saugen das 10-fache ihres Eigengewichts an Flüssigkeit auf, Schalen sogar das 20- bis 40-fache. Je feiner sie gemahlen sind, desto höher ist ihre Wasseraufnahme. Schon kleine Mengen zeigen also große Wirkung. Flohsamenschalen sind nicht im Teig sichtbar, verändern also auch nicht die Optik des Gebäcks. Die Schalen haben keinen Eigengeschmack und bilden beim Verquellen ein viskoses Gel, das sich positiv auf Stabilität und Elastizität des Teigs auswirkt.

Als Referenz werden 1 % Flohsamenschalen (bezogen auf die Gesamtmehlmenge) mit der 20-fachen Menge an Wasser vorgequollen.

Kartoffeln

Gekochte Kartoffeln bringen gebundenes Wasser in den Teig und machen das Brot schön saftig. Willst du bei einem Brotrezept Kartoffeln hinzufügen, gib 20 % gekochte, gepellte und zerdrückte Kartoffeln (bezogen auf die Gesamtmehlmenge) in den Hauptteig. Da Kartoffeln selbst etwas Wasser enthalten, solltest du 10–20 % der Wassermenge zurückbehalten und bei Bedarf nachträglich zum Teig geben.

Auch mit Kartoffelflocken lässt sich Wasser perfekt im Teig binden. Achte darauf, dass es sich um reine Flocken ohne Milch handelt – wie bei den meisten Bio-Kartoffelpüreepulvern. Etwas Salz oder Gewürze dürfen drin sein. Kartoffelflocken werden in einer Menge von 1,5–4 % (bezogen auf die Gesamtmehlmenge) direkt in den Hauptteig gegeben. So kann die Wassermenge etwas erhöht werden.

Farbige Kartoffeln oder Süßkartoffeln lassen sich ebenfalls sehr gut beim Brotbacken einsetzen und machen das Gebäck zu einem echten Hingucker.

Kochstück

Bei einer Temperatur über 60 °C verkleistert die Stärke des Mehls. Dann kann das Mehl mehr Wasser aufnehmen und die Teigausbeute erhöht sich. Für Dinkelteige empfiehlt sich ein Kochstück mit 3–5 % des Mehls. Bei hellem Mehl verwende ich die 5-fache Menge Wasser, bei Vollkornmehl die 3-fache Menge. Dafür werden Mehl und Wasser in einem Topf mit dem Schneebesen verrührt und erhitzt. Sobald eine Temperatur von über 60 °C erreicht ist, wird das Kochstück puddingartig. Es wird jetzt in ein Glas gefüllt und abgedeckt.

Fügt man bei einem Rezept selbst ein Kochstück hinzu, müssen Mehl und Wasser für das Kochstück vom Hauptteig abgezogen werden. Dabei am besten etwas Wasser zurückhalten und bei Bedarf nachträglich zum Teig geben.

Quell- und Brühstück

Auch ein Quellstück bringt mehr Feuchtigkeit in den Teig. Dafür werden Getreidekörner, Schrot, Nüsse, Saaten oder Altbrot mit Flüssigkeit übergossen und abgedeckt einige Stunden beiseitegestellt. Beim Quellstück ist die Flüssigkeit kalt, beim Brühstück kochend heiß. Ich verwende dafür 5–10 % des Mehls und die 2-fache Menge Wasser.

Saft von Zitrusfrüchten

Vitamin C verändert die Klebereigenschaften und stabilisiert die Teigstruktur. Das ist besonders beim Backen mit Dinkel und Urgetreide von Vorteil, da das Klebergerüst dieser Getreidearten schwächer ist als das von Weizen.

Wenn im Rezept nicht bereits angegeben, können 4 % des Wassers (bezogen auf die Gesamtmehlmenge) gegen Zitronen- oder Orangensaft getauscht werden. Acerolakirschpulver kann mit 0,1 % (bezogen auf die Gesamtmehlmenge) eingesetzt werden.

DIE GRUNDAUSSTATTUNG

Das richtige Handwerkszeug erleichtert in der heimischen Brotbackstube die Arbeit. Diese Backhelfer solltest du parat haben, damit dein Brot perfekt gelingt.

Benötigte Backutensilien

Abdeckhauben

Damit lassen sich Kastenbrote oder Gärkörbe während der Gare perfekt abdecken. Abdeckhauben sind besser geeignet als Leinentücher, da sie keine Feuchtigkeit annehmen und sich aufblähen, sodass sie den Teig nicht berühren.

Bäckermesser

Die meisten Brote werden kurz vor dem Backen eingeschnitten, damit sie beim Aufgehen genau an den Einschnitten aufreißen. So wird ein wildes Aufreißen verhindert. Messer zum Einschneiden gibt es in unzähligen Varianten. Von der einfachen Rasierklinge über das preiswerte Bäckermesser mit Plastikgriff bis hin zu runden Bäckerklingen aus Holz und der wunderschönen Lame de Boulanger ist alles zu haben.

Manche Einschneidemesser haben eine gerade, andere eine gebogene Klinge. Gerade Klingen sind perfekt für gerade Schnitte im 90°-Winkel und für Verzierungen („Scoring“). Gebogene Klingen eignen sich für gerade Schnitte im 45°-Winkel oder für kurvige Schnitte. Die einfache Klinge und die runde Bäckerklinge aus Holz sind optimal für ausgefallene Verzierungen, bei denen Präzision wichtig ist.

Bäckermesser

Mein Tipp: Probiere einige Messer aus. Nur so kannst du beurteilen, womit du am besten arbeiten kannst. Denn so wie jeder den Stift anders hält und anders schreibt, hält auch jeder das Messer anders und schneidet anders ein.

Backstahl und Backstein

Beide eignen sich optimal für das Backen freigeschobener Backwaren. Der Backstahl sollte eine Dicke von 6–8 mm, der Backstein eine Dicke von 15–30 mm haben. Im Unterschied zum Backstein heizt sich der Backstahl schneller auf und hat eine bessere Wärmeleitfähigkeit. Zudem gibt er die Hitze sehr schnell an den Teig weiter, wodurch der Ofentrieb des Teiglings besser ist.

Mein Tipp: Lege Backstahl oder Backstein zum Backen von Brot und Brötchen auf die unterste oder vorletzte Schiene des Ofens, für Fladenbrote wie Pizza, Focaccia oder Coca catalana auf die oberste Schiene.

Gärbox

Eine Gärbox bietet einen temperaturstabilen Gärraum. Er ist besonders von Vorteil, um Sauerteige warm zu füttern oder um Gebäcke (z. B. Brioche) warm gehen zu lassen. Die Box empfiehlt sich auch für kalte Haushalte im Winter, damit der Teig nicht zu kalt wird. Fällt die Teigtemperatur nämlich unter 20 °C, verlängert sich die Gare, Hefen entwickeln sich schlechter (der Ofentrieb wird kleiner) und bei Sauerteig wird das Brot saurer.

Gärkorb

Rund, oval, eckig, mit Muster, in verschiedenen Größen … die Auswahl ist riesig, und man hat nie genug. Gärkörbe gibt es in unterschiedlichen Materialien. Kaufe am besten Naturmaterialien wie Peddigrohr oder Holzschliff.

Peddigrohr wird aus der Rattanpalme hergestellt und hat einen längeren Produktionsweg hinter sich. Die Körbe sind sehr stabil, jedoch schwieriger zu reinigen. Häufig verbleibt Mehl in den Rillen, worin sich dann unerwünschte Insekten ansiedeln können. Außerdem bleibt der Teig leicht hängen, besonders wenn der Gärkorb zu wenig bemehlt oder der Teig etwas flüssiger ist. Kaufe deshalb am besten gleich einen waschbaren Überzug aus Leinen mit.

Holzschliff-Gärkörbe bestehen aus gepresstem Holzfaserbrei. Meist werden sie in Europa aus heimischen Hölzern hergestellt. Gegenüber Peddigrohr haben sie den Vorteil, dass sie Feuchtigkeit aufnehmen und Wärme besser speichern. Auch bleibt der Teigling nicht am Korb hängen und löst sich ohne Probleme. Diese Körbe lassen sich einfach mit einer Bürste reinigen.

Viele Hobbybäcker bevorzugen 1-kg-Brote. Ich aber finde kleinere Brote mit ca. 650 g viel praktischer, zudem bekommen sie eine bessere Krume und Ausbund. Dafür verwende ich einen Gärkorb für 500 g Teig mit ca. 28 cm Länge. Den Gärkorb vor der Verwendung immer mit Roggenmehl 997 ausstreuen.

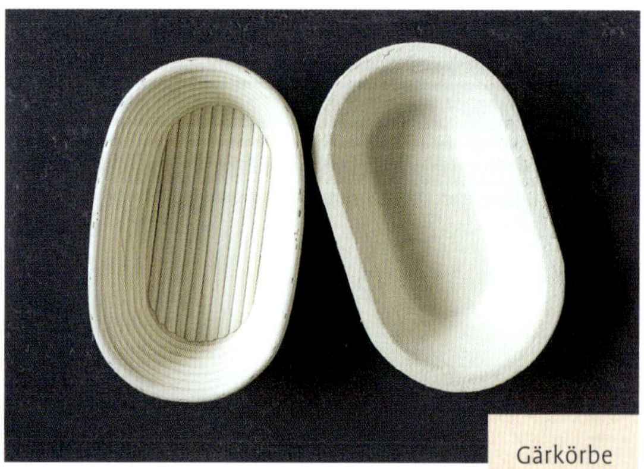

Gärkörbe

Mein Tipp: Lasse Körbe aus beiden Materialien – besonders nach der Übernachtgare im Kühlschrank – nach dem Backen im auf etwa 100 °C abgekühlten Ofen trocknen. Das beugt Schimmelbildung vor.

Gläser für Vorteige

In Gläsern verschiedener Größen mit Deckel (z. B. von Weck) kannst du Koch-, Brüh- und Quellstück, Vorteig und Sauerteig aufbewahren bzw. reifen lassen.

Kastenform

Sie sind in verschiedenen Materialien, z. B. alumiertes Stahlblech, Edelstahl, Blauglanz, erhältlich. Wähle unbedingt eine Form, die sauerteigbeständig ist. Aus gesundheitlichen und praktischen Gründen bevorzuge ich Formen ohne Beschichtung. Sie geht nach einigen Back- und Reinigungsgängen ohnehin verloren. Generell haftet nichts an der Kastenform, wenn sie sorgfältig mit Butter (kein Öl!) eingefettet und bemehlt wird. Alternativ kann man eine Einlage aus Dauerbackfolie kaufen oder sie aus Backpapier oder Dauerbackfolie selbst schneiden.

Alle Kastenbrote in diesem Buch werden in einer Brotkastenform mit den Maßen 23 × 11 × 9,5 cm gebacken, in die typischerweise 1 kg Weizenbrot passt. Wenn du eine andere Größe besitzt und das Rezept auf deine Form umrechnen willst, musst du einen Umrechnungsfaktor berechnen (siehe Kasten). Dafür misst du Breite (B), Höhe (H) und Länge (L) deiner Kastenform in cm.

» Kastenformen umrechnen

Umrechnungsfaktor = B × H × L in cm ÷ 2103,5

Multipliziere die im Rezept angegebenen Zutatenmengen mit dem Umrechnungsfaktor. So erhältst du die Zutatenmengen für deine Kastenform. Einfacher geht das mit dem Backform-Rechner auf meiner Website.

Knetmaschine

Sie hilft besonders beim Kneten fester Teige oder Teige mit höherem Zucker- / Fettanteil. Natürlich gelingen viele Teig auch gut per Hand mithilfe von Laminieren oder Dehnen und Falten.

Leinentuch

Für die Stückgare von Brötchen, Baguettes und anderem Kleingebäck brauchst du ein Leinentuch. Im Fachjargon heißt es auch Bäckerleinen.

Mehlstreuer

Zum Aufarbeiten von Teigen und zum Bemehlen von Kastenformen verwende ich einen Mehlstreuer mit Roggenmehl 997. Damit ist das Mehl immer zur Hand und lässt sich genau dosieren.

Ofenthermometer

Besonders für das Backen von Kastenbroten ist ein Ofenthermometer (Fleischthermometer) unabdingbar. Die Backdauer kann vom Rezept abweichen, wenn deine Kastenform aus einem anderen Material besteht oder eine andere Größe hat.

Das Thermometer wird so in das Brot gesteckt, dass die Spitze in der Brotmitte sitzt. Anhand der angezeigten Temperatur erkennst du sicher den Gargrad des Brots. Hat das Brot eine Kerntemperatur von mindestens 97 °C, ist es vollständig gebacken, bei Hefeteigen reichen in der Regel 94 °C. Einige Thermometer dürfen nur kurz zum Messen ins Brot. Andere haben eine Sonde, die im Ofen bleiben kann. Damit lässt sich die Backtemperatur genau beobachten.

Pinsel

Ob zum Einfetten der Kastenform, zum Einölen der Gärbox oder zum Bestreichen des Teigs vor dem Backen, ein Pinsel gehört in jede Backstube. Am besten und einfachsten lassen sich Pinsel aus Silikon reinigen.

Teigkarte

Sie hilft Teige von der Knetschüssel in die Gärbox zu befördern oder Teige zu teilen und aufzuarbeiten. Flexible Teigkarten aus Kunststoff sind praktisch zum Formen und lassen sich einfach im Geschirrspüler reinigen. Feste Teigkarten aus Edelstahl sind perfekt zum Portionieren.

Teigkarten

Teigwanne

Die meisten Teige verbringen die Stockgare in einer Teigwanne. Ich habe gute Erfahrungen mit Wannen aus Glas und aus Kunststoff gemacht. Glaswannen sind schwerer und stehen beim Dehnen und Falten oder Coil Fold stabil auf der Arbeitsfläche. Achte bei Kunststoffwannen darauf, dass sie aus lebensmittelechtem Material bestehen.

Wichtig ist die Größe der Wanne. Sie muss groß genug sein, damit der Teig genug Platz hat und sich problemlos verdoppeln kann, ohne dabei den Deckel zu heben. Auch an den Seiten sollte der Teig etwas Platz haben. So kannst du seine Entwicklung gut beobachten und den Teig bei Bedarf stabilisieren.

Topf aus Gusseisen

Ein gusseiserner Topf ist perfekt für Anfänger, die überwiegend Brote backen wollen. Das Backen im Topf hat viele Vorteile: Ein Topf ist schneller aufgeheizt als ein Backstein. Die Hitze gelangt darin gleichmäßig von allen Seiten zum Brot, das simuliert den kleinen Backraum von Profi-Öfen. Auch die aus dem Teig verdampfende Feuchtigkeit bleibt im Topf. So kann sich der Teig in der Anfangsphase ausdehnen, ohne dass ein Schwaden erforderlich ist.

In einem runden Topf mit 28 cm Durchmesser kannst du Brote bis zu 1 kg backen, größere Brote brauchen einen Topf mit 30–32 cm Durchmesser. Für längliche 1-kg-Brote benötigst du einen ovalen Topf mit einer Länge von 32 cm und einer Breite von 24 cm.

» Backen im Topf

Du kannst jedes freigeschobene Brot auch im Topf backen. Die Temperaturen und Backzeiten bleiben gleich. Am Anfang wird mit geschlossenem Deckel gebacken, damit der Dampf des Teiglings im Topf bleibt. Dann wird der Deckel abgenommen, damit der Dampf entweichen kann, und das Brot wird offen fertig gebacken.

Schwaden erzeugen

Dein Backofen hat eine integrierte Dampffunktion zum Schwaden? Dann kannst du diesen Abschnitt überspringen. Wenn nicht, musst du anders Wasserdampf erzeugen. Schwaden ist besonders wichtig, wenn du freigeschoben bäckst. Damit der Teig am Anfang des Backvorgangs aufgehen kann, braucht er im Ofenraum Feuchtigkeit. Sie lässt sich unterschiedlich erzeugen.

» **Edelstahlschüssel mit Edelstahlschrauben:** Die Schüssel mit den Schrauben füllen und im Ofen mit aufheizen. Wichtig: Die Schüssel dabei nicht auf den Ofenboden stellen, das zerstört auf Dauer die Funktion Unterhitze. Am besten stellst du die Schüssel auf den Backstahl oder Backstein oder eine Schiene tiefer auf das Ofengitter. Beim Einschießen des Brots spritzt du dann mit einer Spritze 100 ml kochendes Wasser in die Schale.

» **Dampferzeuger:** Dieses Gerät wird an die Seite des Backofens gehängt. Es benötigt keine eigene Schiene, muss aber wieder abgebaut werden, wenn der Ofen anderweitig zum Kochen und Backen genutzt wird.

Waage

In den Rezepten werden alle Zutaten gewogen. Dafür brauchst du eine digitale Küchenwaage. Für sehr kleine Mengen (unter 3 g), empfiehlt sich eine Feinwaage mit 0,1-g-Schritten.

SAUERTEIGE MIT DINKEL

Für reine Sauerteigbrote benötigst du sehr aktiven Sauerteig. Er lässt sich leicht selbst herstellen. Für flüssigen Sauerteig wie auch für festeren Lievito Madre brauchst du nur Mehl und Wasser.

In Sauerteig entstehen aus Mehl und Wasser auf natürliche Weise Hefen und Milchsäurebakterien. Diese natürlichen Triebmittel festigen das Gerüst des Brotteigs, geben dem Brot sein Aroma und machen es länger haltbar.

FLÜSSIGER SAUERTEIG

Flüssiger Dinkelsauerteig hat idealerweise eine Teigausbeute von 180–200. Sauerteig mit dieser TA kann einfach mit dem Löffel gemischt werden, und auch seine Reife lässt sich gut einschätzen.

Dinkelsauerteig kann mit Dinkelmehl 630, 1050 oder Dinkel-Vollkornmehl gefüttert werden. Bei mir hat sich die Mischung aus 10 % Dinkel-Vollkornmehl und 90 % Dinkelmehl 630 sowie eine TA von 180 bewährt. Diese Kombination ergibt einen milden Sauerteig mit ausreichend Nährstoffen.

» Teigausbeute (TA)

Sauerteig mit einer TA von 180–200 hat eine flüssige Konsistenz, Lievito Madre mit einer TA von 140–160 eine festere. Flüssige Sauerteige reifen schneller als festere, fallen aber auch schneller wieder ab. Ein abfallender Sauerteig ist überreif, kann die Gärgase nicht mehr halten und fällt in sich zusammen.

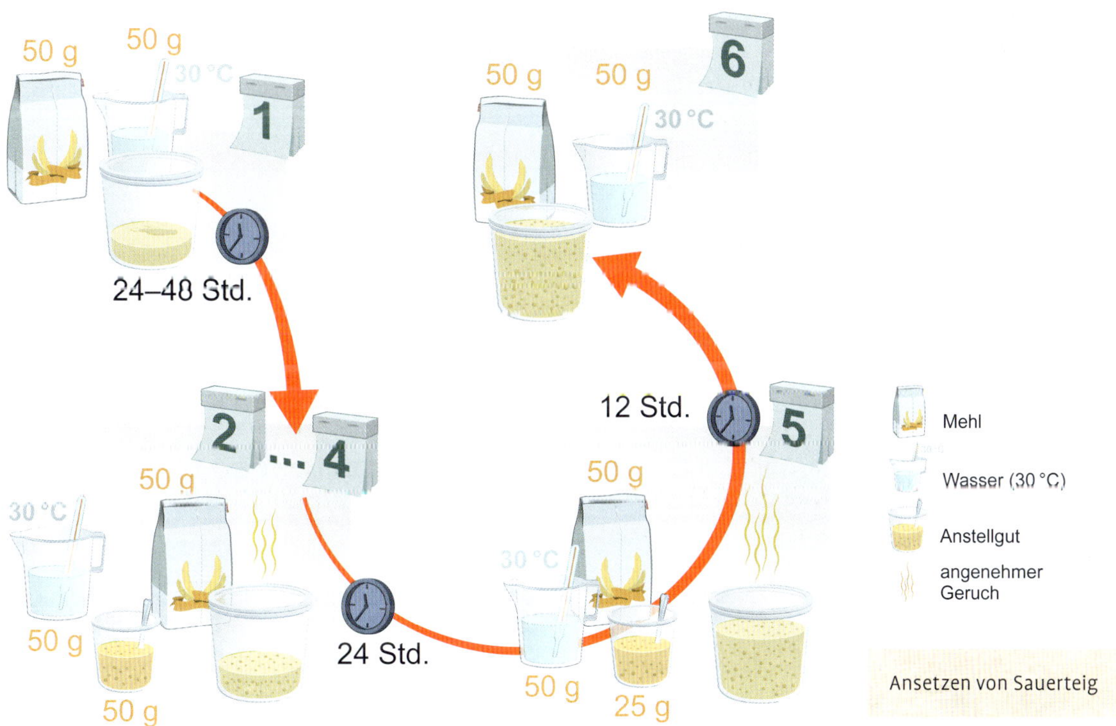

Ansetzen von Sauerteig

Ansetzen von Sauerteig

Zum Ansetzen eignet sich Dinkel-Vollkornmehl am besten. Es besitzt viele schnell verfügbare Nährstoffe und bringt durch die Schalenanteile Mikroorganismen mit, die das Ansetzen erleichtern. Danach kannst du deinen Sauerteig gerne auf die von mir empfohlene Mehlmischung umstellen. Die Tabelle zeigt dir, in welchem Verhältnis die Zutaten gemischt werden müssen.

Alle an Tag 1–5 entstandenen Anstellgut-Reste müssen entsorgt werden. Darin haben sich auch unerwünschte Mikroorganismen vermehrt. Bis sich die Mikroorganismen richtig etabliert haben, benötigt der Sauerteig rund zehn Auffrischungen.

» So geht's:

TAG	ZUTATEN	ZUBEREITUNG	REIFEZEIT	WICHTIGE ZEICHEN
Tag 1	50 g Mehl 50 g Wasser (30 °C)	Mehl und Wasser in einem Glas klümpchenfrei verrühren. Abgedeckt an einem warmen Platz (25–28 °C) reifen lassen. Dieser Brei wird zum Anstellgut (ASG) für die weiteren Fütterungen.	24–48 Stunden	Bläschen sichtbar und Ansatz etwas aufgegangen.
Tag 2, 3, 4	50 g ASG 50 g Wasser (30 °C) 50 g Mehl	In einem neuen Glas ASG mit einem Löffel im Wasser auflösen. Mehl zugeben und klümpchenfrei verrühren. Den Ansatz abgedeckt an einem warmen Platz (25–28 °C) reifen lassen.	24 Stunden	Bläschen sichtbar und Ansatz etwas aufgegangen. Nach dem 4. Tag sollte der Ansatz mild-säuerlich riechen.
Tag 5	25 g ASG 50 g Wasser (30 °C) 50 g Mehl	ebenso	24 Stunden	Der Ansatz verdoppelt sich und riecht angenehm mild-säuerlich.
ab Tag 6	25 g ASG 50 g Wasser (30 °C) 50 g Mehl	ebenso	Die Reifezeit verkürzt sich nach jeder Fütterung. Man spricht von einem etablierten Sauerteig, wenn er sich in 6 Stunden oder weniger verdoppelt. Jetzt ist der Sauerteig backfertig.	Der Ansatz riecht angenehm, hat Bläschen und verdoppelt sich immer schneller.

Sauerteig füttern und pflegen

Ein aktiver Sauerteig will regelmäßig gefüttert werden, damit er nicht verhungert. Nur so erzielt man die besten Ergebnisse in Hinblick auf Optik, Aroma und Geschmack. Am besten wird er jeden Tag gefüttert, spätestens jedoch alle 5 Tage. Und keine Sorge: Du kannst auch nur kleine Mengen Anstellgut füttern, sodass sich die Fütterungsreste in Grenzen halten.

» **So geht's:** Das Anstellgut gemäß Tabelle in warmem Wasser auflösen. Mehl dazugeben und klümpchenfrei verrühren. In ein sauberes Glas füllen und mit aufgelegtem Deckel reifen lassen, bis sich der Sauerteig verdoppelt hat. Jetzt zum Backen verwenden oder in den Kühlschrank stellen.

METHODE	ZUTATEN	REIFEZEIT	TEMPERATUR	WANN?
1:1	20 g ASG 16–20 g Wasser (30 °C) 20 g Mehl	2–3 Stunden	28 °C	Als regelmäßige Fütterung
1:2	20 g ASG 16–20 g Wasser (30 °C) 10 g Mehl	4–6 Stunden	28 °C	Wenn der Sauerteig einige Tage nicht gefüttert wurde, eingefallen ist oder sauer riecht.
1:10	5 g ASG 40–50 g Wasser (30 °C) 50 g Mehl	10–12 Stunden	20–23 °C	Wenn das Brot säuerlicher sein soll.

Sauerteig nach dem Füttern …

… und nach 3 Stunden bei 28 °C

Schwimmtest

Um eine offene Krume (Open Crumb) zu fördern, bietet sich das Füttern des Sauerteigs bei 20–23 °C und anschließend bei 28 °C an. Dabei ist es besonders praktisch die Fütterung bei 20–23 °C über Nacht durchzuführen, danach tagsüber warm zu füttern und dann den gewünschten Brotteig anzusetzen.

Schwimmtest

Dieser Test zeigt, ob der Sauerteig bereits reif genug zum Backen ist. Hefen und Milchsäurebakterien im Sauerteig erzeugen während der Gärung Kohlendioxid in größeren Mengen. Dieses Gärgas lockert später beim Backen die Krume des Gebäcks. Enthält der Sauerteig genug Kohlendioxid, ist er leichter als Wasser und schwimmt.

Bevor du den Schwimmtest durchführst, muss sich der Sauerteig verdoppelt haben, von Bläschen durchgezogen sein und angenehm riechen. Sind diese Anforderungen nicht erfüllt, kann zwar der Schwimmtest positiv ausfallen, der Sauerteig aber trotzdem nicht aktiv genug sein.

» **So geht's:** Vorsichtig einen Teelöffel Sauerteig in ein Glas lauwarmes Wasser gleiten lassen. (Den Sauerteig davor nicht durchrühren und vorsichtig entnehmen, ohne die Bläschen zu zerstören.) Schwimmt der Sauerteig ca. 30 Sekunden (bevor er sich auflöst), enthält er genug Kohlendioxid und ist aktiv genug. Sinkt er aber sofort oder schwimmt nur kurz, lieber noch einmal füttern und das Ansetzen des Hauptteigs verschieben.

LIEVITO MADRE

Lievito Madre, Pasta Madre oder Lievito naturale ist ein milder, fest geführter Sauerteig aus Italien. Traditionell wird er mit Weizenmehl Tipo 00 geführt und hat eine TA von 140–160.

Ein Dinkel-Lievito-Madre wird mit Dinkelmehl Tipo 00/0 oder Dinkelmehl 405/630 angesetzt und gefüttert. Bei mir hat sich eine TA von 138–140 bewährt. Mit Dinkelmehl 405 ist der Lievito Madre stabiler gegenüber unregelmäßigen Fütterungen und der entstandenen Säure als mit Dinkelmehl 630.

Ansetzen von Lievito Madre

Um Lievito Madre zu züchten, brauchst du nur Wasser, Mehl und ein Glas. Die Tabelle zeigt dir, in welchem Verhältnis die Zutaten gemischt werden müssen.

Der erste Ansatz hat eine höhere TA und ist flüssiger, damit sich die Mikroorganismen leichter vermehren können. Ab Tag 2 wird die TA dann angepasst. Damit die Mikroorganismen sich richtig etablieren, braucht der Lievito Madre rund zehn Auffrischungen. Alle in dieser Zeit entstandenen Anstellgut-Reste müssen entsorgt werden. Darin haben sich unerwünschte Mikroorganismen vermehrt.

Ansetzen von Lievito Madre

» **So geht's:**

TAG	ZUTATEN	ZUBEREITUNG	REIFEZEIT	WICHTIGE ZEICHEN
Tag 1	50 g Mehl 50 g Wasser (30 °C)	Mehl und Wasser gut verkneten, bis kein Mehl mehr zu sehen ist und der Teig eine seidige Oberfläche hat. Eine Kugel formen, in ein Glas geben und abdecken. Den Ansatz an einem warmen Platz bei 28–30°C reifen lassen.	24–48 Stunden	Bläschen sichtbar und Ansatz etwas aufgegangen.
Tag 2	50 g ASG 10 g Wasser (30 °C) 50 g Mehl	Anstellgut mit einem Löffel im Wasser auflösen. Mehl zugeben und klümpchenfrei verkneten. Eine Kugel formen, in ein Glas geben und abdecken. Den Ansatz an einem warmen Platz (28–30 °C) reifen lassen.	6–24 Stunden	Der Ansatz verdoppelt sich. Auch wenn er sich nicht ganz verdoppelt hat, nach 24 Stunden erneut füttern.
Tag 3	50 g ASG 25 g Wasser (30 °C) 50 g Mehl	ebenso	6–24 Stunden	Der Ansatz verdoppelt sich. Auch wenn er sich nicht ganz verdoppelt hat, nach 24 Stunden erneut füttern.
ab Tag 4	50 g ASG 25 g Wasser (30 °C) 50 g Mehl	ebenso	Die Reifezeit verkürzt sich nach jeder Fütterung. Der Ansatz verdoppelt sich in 3 Stunden. Der Lievito Madre ist jetzt backfertig.	Der Ansatz riecht angenehm, hat Bläschen und verdoppelt sich immer schneller.

Lievito Madre füttern und pflegen

Ein Lievito Madre muss regelmäßig gefüttert werden, um die besten Ergebnisse in Hinblick auf Optik, Aroma und Geschmack zu erzielen. Du kannst auch nur kleine Mengen Anstellgut füttern, damit sich die Fütterungsreste in Grenzen halten.

Ein sehr aktiver und gut ausbalancierter Lievito Madre kann sogar für die Königsdisziplin Panettone und für Open-Crumb-Brote verwendet werden. Er sollte jeden Tag abwechselnd warm und kalt gefüttert werden.

» So geht's: Die Zutaten gemäß Tabelle verkneten, bis kein Mehl mehr sichtbar und die Oberfläche glatt ist (1–3). Dann mit einem Nudelholz ausrollen und aufrollen (4–11). In ein sauberes Glas (12) oder in eine kleine Schüssel mit einem Leinentuch geben (siehe rechte Seite) und offen reifen lassen.

Die Temperaturen in der Tabelle geben die Kerntemperatur des Lievito Madre an. Durch geschickte Wahl der Umgebungstemperatur kann man sie möglichst schnell erreichen. Beispielsweise stelle ich bei der 28-°C-Fütterung meine Gärbox zuerst auf 30 °C und reduziere die Temperatur nach ca. 1 Stunde auf 28 °C. Ich empfehle, die Kerntemperatur am Ende der Fütterung mit einem Ofenthermometer zu prüfen. So kann man bei den nächsten Fütterungen Anpassungen vornehmen.

WARM & KALT

Warme Fütterung

1:1 Methode,
2,5–3 Stunden bei 28 °C

50 g ASG
20 g Wasser
50 g Mehl

Kalte Fütterung

1:1 Methode,
16–18 Stunden bei 18 °C

50 g ASG
20 g Wasser
50 g Mehl

Das Ausrollen des Lievito Madre erfolgt mit einem Nudelholz oder einer Nudelmaschine auf der breitesten Stufe. Das Einklappen und Ausrollen zwei- bis dreimal wiederholen.

> **» Lievito Madre aufrollen**
>
> Das Aufrollen ist aufwendig, doch ist der Lievito Madre dann besser verteilt und bekommt ausreichend Sauerstoff. Zudem kann man damit seine Temperatur an die Gärtemperatur anpassen. Ist der geknetete Lievito Madre vor einer kalten Fütterung zu warm, legt man ihn flach in eine Kunststoffbox und stellt ihn 30 Minuten in den Kühlschrank. Danach hat er 18 °C und kann nach dem Aufrollen bei 18 °C zum Reifen gestellt werden.

Der Lievito Madre reift am besten ohne Deckel offen an der Luft, damit die Oberfläche antrocknet. Dabei nutzt er zuerst den Sauerstoff der Luft. Sobald die Oberfläche angetrocknet ist, fermentiert er im anaeroben Modus weiter. Das verlangsamt sein Wachstum und vermeidet eine Übersäuerung.

Den Lievito Madre weiter bei der angegebenen Temperatur reifen lassen, bis er sich verdoppelt hat. Wer ein pH-Messgerät besitzt, füttert bei einem pH-Wert von 3,8–4,0 nach kalter Fütterung und von 4,0–4,2 nach warmer Fütterung erneut.

Lievito Madre nach Füttern im Glas und in der Schüssel

Lievito Madre nach 3 Stunden bei 28 °C im Glas und in der Schüssel

Lievito Madre nach 16 Stunden bei 18 °C im Glas und in der Schüssel

Zwischen den Fütterungen kann der Lievito Madre kurzzeitig im Kühlschrank geparkt werden.

Die Fütterung bei 28 °C dient der Vermehrung der Hefen und Milchsäurebakterien. Die Fütterung bei 18 °C hilft den Mikroorganismen, auch bei Temperaturen unter ihrem Optimum zu gären. Das stärkt ihre Fähigkeit, alternative Stoffwechselarten zu nutzen, die z. B. Essigsäure als Endprodukt haben. Ziel dieser gemischten Fütterung ist ein ausgewogenes Säuregleichgewicht durch Förderung von Hefen und Milchsäurebakterien.

Nach einer 18-°C-Fütterung sollte der Lievito Madre an der Zunge prickeln und nach fruchtiger Säure und Essig schmecken, ohne an Milch oder Joghurt zu erinnern. Nach einer 28-°C-Fütterung wird der Lievito Madre milder und schmeckt mehliger mit einem Hauch von Obst und Essig. Er darf jedoch nicht bitter schmecken.

Alternativ pflegen

Die tägliche Fütterung ist für viele nicht oder nur teilweise durchführbar. Deshalb stelle ich hier eine zweite Methode vor, die auch sehr gute Ergebnisse liefert und sich besser in den Alltag integrieren lässt. Sie eignet sich auch als Pause bei der Warm-Kalt-Fütterung.

Bei dieser Alternative wird der Lievito Madre nur warm geführt und wandert dann ein paar Tage in den Kühlschrank. Er sollte rund 2–3 Stunden bei 28 °C verbringen und sich dabei knapp verdoppeln. Die Zeit hängt davon ab, wie aktiv der Lievito Madre ist und wie lange er danach gekühlt werden soll. Spätestens wenn der Lievito Madre einfällt (pH-Wert nahe 3,8), will er wieder gefüttert werden, besser wäre noch davor.

Mein Tipp: Stelle den Lievito Madre nicht erst bei Verdoppelung in den Kühlschrank, sondern knapp davor, damit er im Kühlschrank noch etwas Nahrung zur Verfügung hat.

WARME FÜTTERUNG (1:1 METHODE)	REIFEZEIT UND TEMPERATUR
50 g ASG 20 g Wasser 50 g Mehl	2–3 Stunden bei 28 °C und bis zu 4 Tage im Kühlschrank

Die Standard-Fütterung hat immer ein Verhältnis von 1:1. Fütterungen mit anderen Verhältnissen sind nur einmalige Maßnahmen, um etwas im Lievito Madre zu korrigieren.

Verschnüren

Soll der Lievito Madre ein paar Wochen ohne Fütterung auskommen, wird er in ein Leinentuch gewickelt, nachdem er gemäß Tabelle mit einer größeren Mehlmenge gefüttert wurde.

Durch das Verschnüren ist der Lievito Madre vom Platz her eingeschränkt und trocknet sehr schnell an der Oberfläche. Sobald sie angetrocknet ist, läuft diese Führungsart ohne weiteren verfügbaren Sauerstoff ab (anaerobe Führung). Das hemmt eine Übersäuerung, da der reduzierte Sauerstoffgehalt den Stoffwechsel der Mikroorganismen bremst. So wird der Lievito Madre nicht schmierig.

DAUER	VERHÄLTNIS ASG:MEHL
Bis 7 Tage	1:2
Bis 14 Tage	1:3
Bis 21 Tage	1:4

» **So geht's:** Alle Zutaten verkneten, bis kein Mehl mehr zu sehen und die Oberfläche glatt ist. Den Lievito Madre dann aufrollen, in ein Leinentuch wickeln und mit einer Kordel verschnüren (1–8). In eine Kunststoffdose legen, verschließen (9) und sofort in den Kühlschrank stellen.

Um den Lievito Madre danach wieder zu füttern, entfernst du die getrocknete äußere Schicht und verwendest nur den Kern. Am besten gönnst du dem Kern zuerst ein Zuckerbad und ein bis zwei warme Fütterungen. Danach erfolgt die erste kalte Fütterung.

Lievito Madre verschnüren

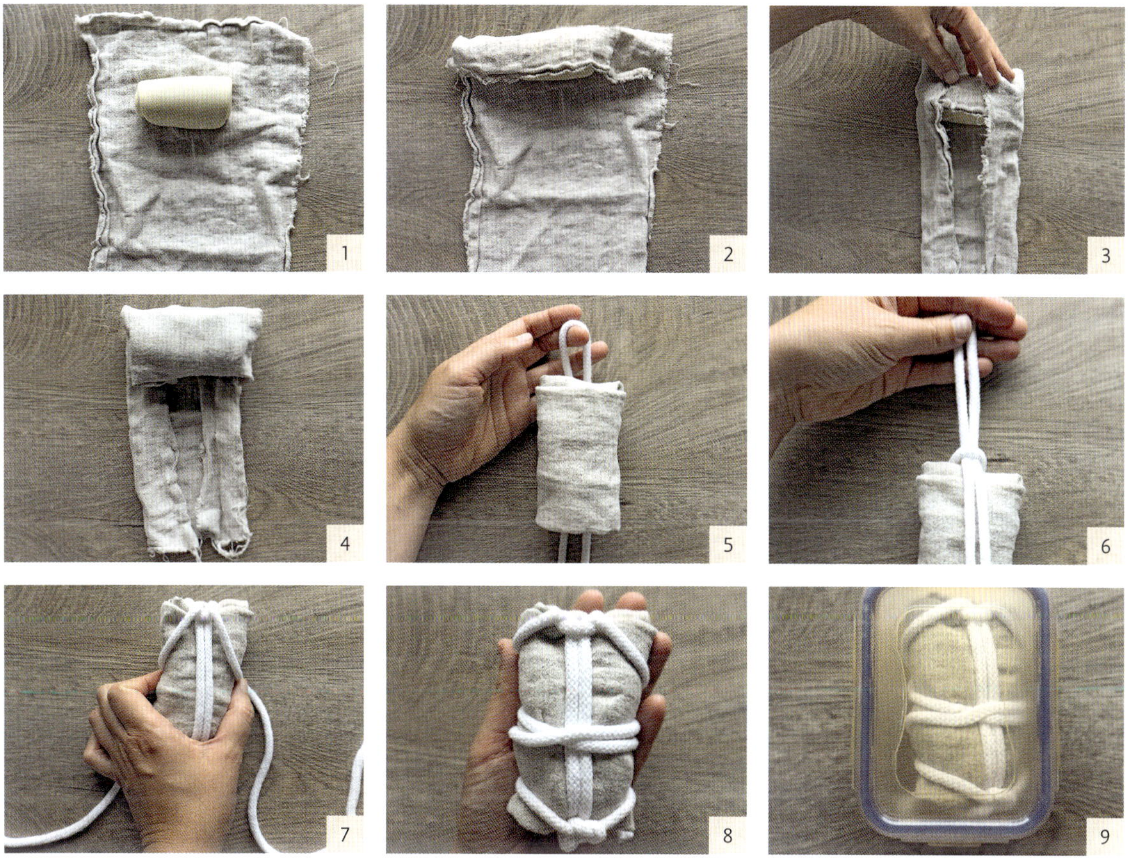

Zuckerbad

War dein Lievito Madre längere Zeit im Kühlschrank? Wurde er zu unregelmäßig gefüttert und riecht etwas säuerlich? Dann ist es an der Zeit, ihm ein Zuckerbad („Bagnetto") zu gönnen. Das empfiehlt sich auch, wenn der Lievito Madre nach der Verdopplung schnell einsinkt oder sich schmierig anfüllt. Wer ein pH-Messgerät hat, macht auf jeden Fall ein Zuckerbad sobald der pH-Wert unter 3,8 fällt. Das Zuckerbad darf jedoch nicht zu oft durchgeführt werden, da es den Lievito Madre schwächt.

» **So geht's:** In einem Messbecher 1 Liter kaltes Wasser mit ¼ Teelöffel Zucker verrühren. Dann 50 g Lievito Madre dazugeben und alles 10 Minuten ruhen lassen. Danach den Livito Madre herausnehmen, leicht ausdrücken und wiegen, um zu sehen, wie viel Wasser er aufgenommen hat. Darauf folgt eine 1 : 1-Fütterung bei 28 °C. Dabei das aufgenommene Wasser von der in der Tabelle Seite 30 angegebenen Menge abziehen.

Zuckerbad

Powerfütterung

Der Lievito Madre verdoppelt sich nicht in der vorgegebenen Zeit? Dann haben sich vermutlich die Mikroorganismen bei den vorherigen Fütterungen nicht ausreichend vermehrt. Das geschieht häufig bei warmen Fütterungen, wenn man zu früh wieder füttert. In diesem Fall hilft eine Powerfütterung, bei der mehr Anstellgut als Mehl verwendet wird. Am besten ist dabei ein Verhältnis von Anstellgut zu Mehl von 1,25 : 1 bis 1,5 : 1.

Eine Powerfütterung ist eine einmalige Maßnahme. Danach wird weiter nach dem gewählten Schema gefüttert. Die folgende Tabelle zeigt dir ein Beispiel.

POWERFÜTTERUNG WARM (1,5:1 METHODE)	REIFEZEIT UND TEMPERATUR
50 g ASG 13 g Wasser 33 g Mehl	2–3 Stunden bei 28 °C

Lievito Madre richtig ausbalancieren

Der Lievito Madre muss die richtige Balance zwischen Milchsäurebakterien und Hefen haben. Mit einem pH-Messgerät lässt sich leicht prüfen, wann der Lievito Madre zu sauer geworden ist und wieder gefüttert werden muss. Allerdings unterscheidet das pH-Messgerät nicht zwischen Milchsäure- und Essigsäurebakterien. Um die richtige Balance zu finden, hilft nur Riechen und Schmecken.

	HEFELASTIG	MILCHSÄURELASTIG	ESSIGSÄURELASTIG
ZEICHEN	Riecht nach Joghurt oder Milch und etwas Hefe.	Schmeckt auf der Zungenspitze etwas bitter und klebt an den Händen. Riecht ähnlich wie Sauerkraut.	Riecht stechend sauer, ähnlich wie Ethanol.
URSACHE	Zu häufige Fütterungen bei 28 °C.	Zu früh gefüttert bei zu kalter Temperatur oder mit zu viel Mehl.	Zu spät gefüttert bei zu warmer Temperatur oder mit zu wenig Mehl.
MASSNAHME	Einige Tage warm und kalt füttern.	Einmalige Fütterung mit einem Verhältnis ASG zu Mehl von 2:1, 24 Stunden bei 18 °C reifen lassen.	Verhältnis ASG zu Mehl erhöhen oder Temperatur korrigieren.

FAQ RUND UM SAUERTEIG

Was brauche ich für meinen ersten Sauerteig / Lievito Madre?

Eigentlich gar nicht viel. Hier eine kleine Liste der benötigten Zutaten und Hilfsmittel:

» **Mehl:** entsprechend den Angaben bei flüssigem Sauerteig (Seite 26) bzw. Lievito Madre (Seite 28).

» **Wasser:** Wenn du in einer Großstadt wohnst, verwende zum Füttern des Sauerteigs kein Leitungswasser, sondern Mineralwasser. Wichtig ist, dass du die Wassertemperatur an die gewünschte Reifetemperatur anpasst: Bei warmen Fütterungen sollte das Wasser 30–35 °C warm sein, bei kalten Fütterungen dagegen kalt.

» **Mehrere saubere Gläser mit Deckel:** Ideal sind Einmachgläser mit Deckel (z. B. von Weck). Achte darauf, dass die Gläser das 2,5- bis 3-fache Volumen der gemischten Zutaten fassen.

» **Warmer Platz mit ca. 28 °C für Sauerteig:** In Ordnung sind alle Temperaturen zwischen 26–30 °C. Am einfachsten erreichst du diese Temperatur in einer Gärbox. Wenn du keine besitzt, liefert dir auch der kalte Backofen mit eingeschalteter Lampe oder der WLAN-Router diese Temperatur. Eventuell musst du dabei nach einiger Zeit die Ofenlampe ausschalten oder eine Unterlage unter das Glas auf den Router legen.

» **Kühler Platz mit ca. 18 °C für Lievito Madre:** In Ordnung sind alle Temperatur zwischen 16–20 °C. Viele haben diese Temperatur das ganze Jahr über im Keller oder im Winter sogar in der Wohnung. Auch kleine Kühlschränke oder Weinschränke kann man auf diese Temperatur einstellen.

Welche Faktoren beeinflussen meinen Sauerteig?

Die Eigenschaften deines Sauerteigs werden von folgenden Parametern bestimmt: Qualität des Anstellguts, Verhältnis Anstellgut zu Mehl, verwendetes Mehl, Teigausbeute, Temperatur und Reifezeit. Diese Parameter machen Sauerteige unterschiedlich triebstark und aromatisch (mild bis säuerlich).

Je höher die **Anstellgutmenge**, desto höher die Anzahl an verfügbaren Mikroorganismen, wodurch der Sauerteig schneller reift. Ein Sauerteig kann nur so gut werden wie die Qualität des Anstellguts. Diese Qualität lässt sich durch häufige und richtig geführte Fütterungen erhalten. Unregelmäßige und zu kalte Fütterungen führen zu minderwertigem Anstellgut. Damit gebackene Sauerteigbrote sind dann optisch und geschmacklich nicht ansprechend.

Besonders entscheidend ist die **Mehlauswahl**: Vollkornsauerteige sind kräftiger und reifen schneller als Sauerteige aus hellen Mehlen.

In flüssigen Sauerteigen (**hohe Teigausbeute**) vermehren sich die Mikroorganismen schneller. Dementsprechend ist die Reifezeit kürzer.

Feste Sauerteige (**niedrige Teigausbeute**) reifen dagegen langsamer.

Auch die **Temperatur des Teigs** beeinflusst, wie schnell ein Sauerteig reift. In einer warmen Umgebung vermehren sich die Mikroorganismen schneller. Das wirkt sich auf den Geschmack aus: So sind wärmer gereifte Sauerteige milder als kälter gereifte. Die **Temperatur des Wassers** bestimmt die Anfangstemperatur des Sauerteigs. Eine zu niedrige Anfangstemperatur (unter 23 °C) kann nicht durch eine längere Reifezeit ausgeglichen werden. Deshalb nimmt man bei warmen Fütterungen warmes Wasser (30–35 °C). Durch das Mischen mit den anderen Zutaten sinkt die Temperatur leicht ab, sodass der fertig gerührte Sauerteig 24–28 °C warm ist. Diese Anfangstemperatur wird bevorzugt, weil sich die für die Triebstärke verantwortlichen Hefen bei 26 °C entwickeln. Milchsäurebakterien vermehren sich am besten bei 33–35 °C, Essigsäurebakterien bei 20–25 °C. Temperaturen über 40 °C sind für Sauerteige nicht ratsam. Bei dieser Temperatur sterben die erwünschten Hefen und Bakterien ab, während unerwünschte Mikroorganismen ungebremst zunehmen.

» Einflussfaktoren Sauerteig

Anstellgut – Mehl – Anstellgutmenge – Teigausbeute – Temperatur – Zeit
→ Geschmack – Triebfähigkeit

Es gibt viele Möglichkeiten, Sauerteig zu führen. Mit der Kombination aus diesen Faktoren kannst du Geschmack und Optik des Brots in die gewünschte Richtung lenken.

Wie kann ich meinen Sauerteig / Lievito Madre sichern?

Wenn du dich für einen längeren Zeitraum nicht um deinen Sauerteig kümmern kannst, ist das **Verkrümeln** die perfekte Lösung, um ihn zu sichern. Die Krümel sollten spätestens alle 4 Monate erneuert werden. Ältere Krümmel kannst du wie normales Mehl im Brotteig mitverwenden, am besten in einem Brot mit Hefe.

» **So geht's:** Etwas Sauerteig / Lievito Madre mit Mehl verkneten, bis sich Streusel bilden. Sie dürfen sich nicht feucht anfühlen, um Schimmel vorzubeugen. Die Krümel in einen kleinen Gefrierbeutel füllen, verschließen und bei 4 °C im Kühlschrank aufbewahren.

Zum Wiederbeleben machst du zuerst eine flüssige Auffrischung, damit sich die Mikroorganismen schneller vermehren. Dafür alle Zutaten gemäß Tabelle vermischen und bei 28 °C reifen und verdoppeln lassen. Diese erste Auffrischung kann bis zu 24 Stunden dauern. Danach fütterst du wie auf Seite 27 und 29 beschrieben weiter, bis sich der Sauerteig / Lievito Madre in der angegebenen Zeit verdoppelt.

KRÜMEL WIEDERBELEBEN (FLÜSSIGE AUFFRISCHUNG WARM)	REIFEZEIT UND TEMPERATUR
20 g Krümel 20 g Mehl 30 g Wasser	bis zu 24 Stunden bei 28 °C

Verkrümeln

KOMMERZIELLE HEFE RICHTIG EINSETZEN

Hefe besteht aus Hefepilzen, die sich vermehren, wenn sie Nahrung bekommen. Bei ihrer Vermehrung erzeugen sie Kohlendioxid. Dieses Gärgas lockert die Krume des Gebäcks.

Anhand des Durchmessers der Hefekugeln ist das Abschätzen kleiner Mengen möglich.

Bei meinen Rezepten arbeite ich mit wenig Hefe, ein Würfel (42 g) hält sich also lange Zeit. Eine Feinwaage erleichtert das Wiegen kleiner Mengen. Wenn du keine besitzt, forme die Hefe zu einer kleinen Kugel und orientiere dich an den Maßen in der Tabelle.

HEFEMENGE	DURCHMESSER DER KUGEL
0,1 g	5 mm
0,5 g	8 mm
1 g	12 mm
2 g	15 mm
3 g	18 mm

Mein Tipp: Beim Umgang mit frischer Hefe ist sauberes Arbeiten Pflicht, damit sich kein Schimmel bildet. Nimm die benötigte Menge immer mit einem sauberen Löffel ab und berühre die Hefe nicht. Reste bewahrst du am besten in einem Schraubglas im Kühlschrank auf.

Ist mal keine frische Hefe zur Hand, verwende alternativ Trockenhefe. Dabei können die Gärzeiten allerdings leicht variieren. Bei der Umrechnung hilft folgende Formel:
Gramm getrocknete Hefe =
Gramm frische Hefe ÷ 3
½ Würfel frische Hefe (21 g) entspricht also 1 Tütchen Trockenhefe (7 g).

Für die Brote und Brötchen in diesem Buch verwende ich ausschließlich frische Hefe.
Wenn ich von „Hefe“ spreche, meine ich also immer frische Hefe.

HEFEVORTEIGE: POOLISH & BIGA

Gibt man die Hefe mittels eines Vorteigs zum Hauptteig, spricht man von indirekter Führung. Hefevorteig gibt dem Brot ein tieferes Aromaprofil, verbessert die Verdaulichkeit und erhöht die Haltbarkeit. Die Vorteige Poolish und Biga bestehen aus Mehl, Wasser und Hefe. Sie unterscheiden sich in der Teigausbeute: Poolish hat eine hohe TA von 200 und ist flüssiger, Biga hat eine niedrige TA von 140–160 und ist fester.

Im Gegensatz zu Sauerteig ist das Ziel eines Hefevorteigs die reine Vermehrung der Hefen, nicht jedoch die Vermehrung der Milchsäurebakterien oder die Bildung von Säure.

links: Biga, rechts: Poolish

Poolish

Dieser Vorteig gelangte von Polen über Österreich nach Frankreich, wo er vor allem bei der Herstellung von Baguettes und Croissants Verwendung fand. Mittlerweile wird er auch für Brot, Brötchen, Pizza und Ciabatta verwendet. Ein Poolish bringt viel Aroma und fördert die Dehnbarkeit des Teigs.

Die Hefemenge beim Poolish liegt meist unter 1 % bezogen auf die Mehlmenge. Dieser Vorteig soll maximal 15–30 % der Gesamtmehlmenge enthalten. Er wird in zwei Führungsvarianten verwendet. Dabei bevorzugt man Poolish mit kalter Führung für schwache Dinkelsorten (auch Ursorten), weil diese Führungsart den Abbau der Klebereiweiße minimiert.

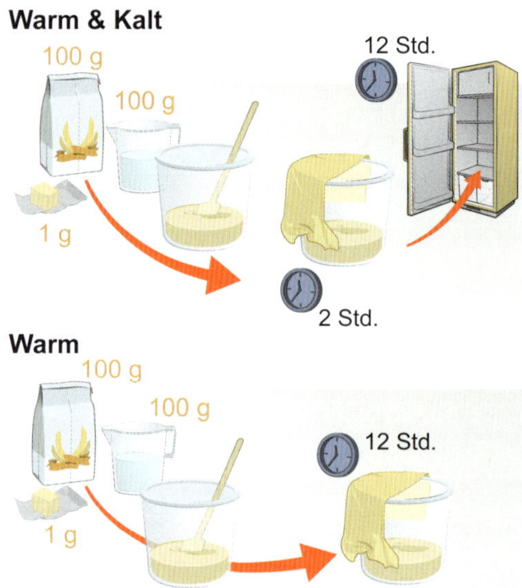

Vorbereiten von Poolish

» So geht's

FÜHRUNGS-TEMPERATUR	ZUTATEN	ZUBEREITUNG
Warm & kalt	100 g Mehl 100 g Wasser 1 g Hefe	Alles in einem Glas vermischen und 2 Stunden bei Raumtemperatur anspringen lassen. Dann ca. 12 Stunden im Kühlschrank reifen lassen. Am Ende der Reifezeit hat sich der Poolish verdoppelt und ist mit Bläschen durchzogen.
Warm	100 g Mehl 100 g Wasser 0,1 g Hefe	Alles vermischen. Dann ca. 12 Stunden bei Raumtemperatur reifen lassen. Am Ende der Reifezeit hat sich der Poolish verdoppelt und ist mit Bläschen durchzogen.

Biga

Die Biga stammt aus Italien, wo sie vor allem für Pizza und Ciabatta verwendet wird. Dieser Hefevorteig eignet sich auch hervorragend für fett- und zuckerreiche Gebäcke.

Eine Biga bringt einen leicht nussigen und säuerlichen Geschmack in den Teig. Das Klebergerüst des Dinkels wird durch die entstandenen Säuren gestärkt.

Die Hefemenge bei der Biga beträgt meist 1 % der Mehlmenge. In einer Biga können 100 % der Gesamtmehlmenge enthalten sein.

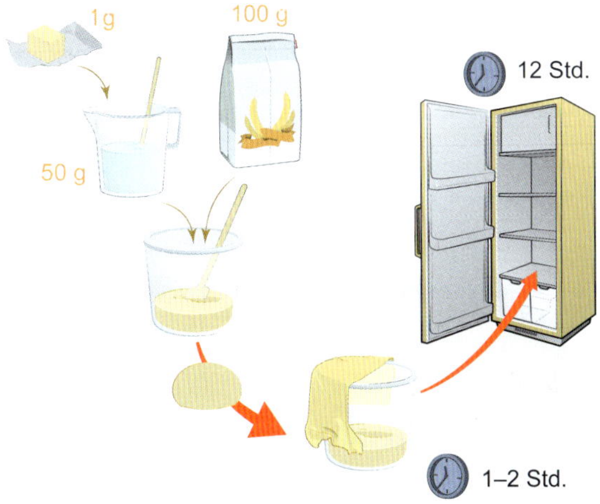

Vorbereiten von Biga

» So geht's

ZUTATEN	ZUBEREITUNG
1 g Hefe 50 g Wasser 100 g Mehl	Hefe im Wasser auflösen. Mehl zugeben und alles zu einer Kugel verkneten. Bei Raumtemperatur 1–2 Stunden anspringen lassen. Dann ca. 12 Stunden im Kühlschrank reifen lassen.

DIREKTE FÜHRUNG

Gibt man die Hefe direkt zum Hauptteig, nennt man das direkte Führung. Die folgende Tabelle gibt die ungefähre Dauer der Stock- und Stückgare bei Raumtemperatur an. Voraussetzung ist, dass es sich um einen nicht schweren Brotteig handelt und kein weiteres Triebmittel (z. B. Sauerteig, Lievito Madre, Poolish oder Biga) verwendet wird. Unter nicht schweren Teigen versteht man Teige ohne / mit sehr wenig Zucker und ohne / mit sehr wenig Fett.

Die angegebenen Zeiten sind nur Richtwerte, da die Gärzeit von vielen Faktoren beeinflusst wird. Dazu gehören Teigtemperatur, verwendete Mehltypen, Mischung von Getreidesorten und Teigausbeute. Weiterhin sind auch alle Informationen über die Teigtemperatur bei abweichenden Teigmengen und Raumtemperaturen (Seite 44) zu berücksichtigen.

Besonders bei der direkten Führung muss der Teig genug Zeit zum Reifen bekommen (Seite 40). Aus diesem Grund verwende bei nicht schweren Teigen immer eine Hefemenge von maximal 0,5 %, denn nur so lässt sich eine Reifezeit von 4 Stunden oder mehr erreichen.

HEFEMENGE	STOCKGARE	STÜCKGARE
0,1 %	12 Stunden	schwer vorherzusagen
0,2 %	8 Stunden	2 Stunden
0,5 %	3 Stunden	1,5 Stunden
1 %	1,5 Stunden	1 Stunde

SAUERTEIG DURCH HEFE ERSETZEN

Steht kein Sauerteig zur Verfügung, kann man ihn durch Hefe ersetzen. Natürlich ändern sich Aroma, Krumenstruktur und Gärzeit, aber dennoch ist Hefe eine sehr gute Alternative. Dabei gibt es zwei Möglichkeiten:

INDIREKTE FÜHRUNG	DIREKTE FÜHRUNG
Sauerteig durch Poolish ersetzen, Lievito Madre durch Biga. (Diese Lösung bevorzuge ich, da sich die Aromen besser entfalten.)	Den Mehl- und Wasseranteil vom Sauerteig in den Hauptteig geben. Die Hefemenge abhängig von der zur Verfügung stehenden Zeit wählen.

Mein Tipp: Wenn du den Poolish mit Vollkornmehl zubereitest, erzielst du mehr Geschmack im Teig und gleichst das fehlende Sauerteigaroma aus.

links: Poolish mit Emmer-Vollkornmehl, rechts: Sauerteig aus Dinkelmehl

FODMAPS – AUF DIE DAUER DER FERMENTATION KOMMT ES AN

Wie bereits erwähnt, halten sich die Hefemengen in meinen Rezepten in Grenzen. So verwende ich maximal 0,5 % Hefe bezogen auf die Mehlmenge. Nur bei schwereren Teigen wie Toastbrot, Stollen oder Brioche darf es etwas mehr sein. Das hat mehrere Gründe:

Oft ist ein Hefegeschmack bei Broten gar nicht erwünscht. Sie sollen zwar aromatisch sein, aber nicht penetrant nach Hefe schmecken und riechen. Auch sind meiner Erfahrung nach Brote mit hoher Hefemenge (traditionelle Rezepte mit ½ Würfel Hefe auf 500 g Mehl) bereits nach 12–24 Stunden komplett trocken.

Je niedriger die Hefemenge ist, desto länger dauert die Gärzeit. Eine längere Fermentationszeit verbessert Aroma, Krume und Kruste des Brots – und macht das Brot wesentlich bekömmlicher für die Verdauung. So haben Forscher der Uni Hohenheim bei der Untersuchung von Hefeteigen nach dem Backen nachgewiesen, dass diese nach 1 Stunde Reifezeit die höchste Menge an FODMAPS (blähenden Zucker) enthalten. Nach 4,5 Stunden Reifezeit jedoch enthalten die Teige nur noch 10 % FODMAPS und sind also wesentlich besser verträglich. Außerdem enthält das Brot nach dieser Reifezeit mehr Eisen und Zink, wohingegen die Phytate (sekundäre Pflanzenstoffe) abgebaut sind.

DIE TEIGSTRUKTUR VERBESSERN

Einige Techniken tragen dazu bei, die Struktur des Teigs zu verbessern. Dadurch wird das Klebergerüst des Teigs schonend entwickelt, der Teig wird straff und hält das Gärgas besser. Das Brot lässt sich dann besser formen, wird optisch schöner und bekommt mehr Volumen.

FENSTERTEST

Den Fenstertest (oder Kleberprobe) macht man, um die Entwicklung des Glutengerüsts in einem Teig zu beurteilen. Dafür wird ein Stück Teig vorsichtig mit Daumen und Zeigefinger auseinandergezogen.

Zeigt sich beim Fenstertest eine hauchdünne Membran, ist der Teig genug geknetet. Reißt der Teig dagegen oder ist die Membran nicht glatt genug, muss er weitergeknetet werden. Ist der Teig nicht genug ausgeknetet, aber schon in der Teigwanne, lässt sich die Teigstruktur auch mit Dehnen und Falten, Coil Fold oder Laminieren verbessern.

Fenstertest

AUTOLYSE

Dieser Vorteig ohne Triebmittel gehört zu den sogenannten „Nullteigen“. Dafür werden Mehl und Wasser vermischt und ruhen dann eine gewisse Zeit bei Raumtemperatur. Eine Autolyse unterstützt die Verquellung des Mehls und startet die Glutenentwicklung. Sie reduziert außerdem die durch das Kneten bedingte Oxidation des Mehls und sorgt so für eine bessere Farbe und mehr Geschmack im Brot.

Normalerweise dauert die Autolyse bei hellen Mehlen zwischen 30 Minuten und einigen Stunden, bei Vollkornmehlen zwischen einer und mehreren Stunden. Will man die Autolyse aus Zeitgründen länger führen, muss sie in den Kühlschrank gestellt werden. Vor dem nächsten Zubereitungsschritt muss die Autolyse dann den Fenstertest bestehen.

Steht die Autolyse jedoch zu lange, kann sich die Glutenstruktur wieder auflösen. Die Folge ist ein schwacher Teig, der sich nachteilig auf Geschmack, Volumen und Struktur der Krume auswirkt.

Am Ende der Autolysezeit ist das Glutengerüst stabil genug für einen Fenstertest.

FERMENTOLYSE

Bei dieser Variante der Autolyse findet zusätzlich eine Fermentation statt. Dafür werden Mehl, Wasser und ein Triebmittel vermischt. Eine Fermentolyse dauert in der Regel 20–30 Minuten bei Raumtemperatur.

Beim Backen mit Dinkel (oder Urgetreide) und Sauerteig als Triebmittel bevorzuge ich die Fermentolyse, denn die dabei entstandene Säure stärkt das Klebergerüst des Teigs.

KNETEN

Dinkel enthält zwar Gluten, doch ist es deutlich schwächer als das in Weizen. Diesen Umstand muss man beim Kneten berücksichtigen. Doch gibt es große Unterschiede zwischen den einzelnen Dinkelsorten. Einige kann man beim Kneten mehr beanspruchen, andere weniger.

Dinkelteige werden eher schonend geknetet, d.h. die meiste Zeit auf niedriger Stufe und nur kurz auf höherer Stufe. Gerne können Pausen eingelegt werden, um dem Teig etwas Ruhe zu gönnen. Dieses stufenweise Kneten funktioniert sehr gut bei Teigen ohne Fermentolyse wie auch bei All-in-Teigen (z.B. Poolish-Dinkelbrot, Seite 53).

BASSINAGE

Bestimmt ist es auch dir schon einmal passiert, dass der Teig zu flüssig geworden ist. Deshalb empfehle ich, am Anfang des Knetens 20–30 % der Schüttflüssigkeit zurückzuhalten, damit der Teig gar nicht erst zu flüssig wird. Diesen zurückgestellten Teil der Flüssigkeit nennt man Bassinage. Sie ist in den Zutatenlisten jeweils extra ausgewiesen.

Nicht immer hat typengleiches Mehl dieselbe Fähigkeit Flüssigkeit aufzunehmen. Das gilt sogar dann, wenn es von derselben Mühle stammt. Getreidesorte, Mahlverfahren, Lagerung, Wetter – all das spielt eine Rolle. Entsprechend sind meine Rezeptangaben zur Flüssigkeitsmenge auch eher Richtwerte.

Nach Abnahme der Bassinage-Flüssigkeit wird der Teig zuerst mit der verbliebenen Flüssigkeit auf niedriger Stufe geknetet. Dann kommt das Salz dazu, und man knetet auf höherer Stufe weiter. Zuletzt gibt man die Bassinage-Flüssigkeit teelöffelweise zu und knetet den Teig jeweils dazwischen aus. Diese Methode hat mehrere Vorteile:

In der ersten Knetphase ohne Salz kann das Gluten ähnlich wie in einer Autolyse besser verquellen.

Ein fester Teig lässt sich schneller auskneten als ein flüssiger. Beim schnelleren Auskneten steigt die Teigtemperatur nicht so stark, und der Teig oxidiert nicht zu sehr.

Durch die Temperatur der Bassinage-Flüssigkeit lässt sich die Teigtemperatur steuern. Ist also die Teigtemperatur zu hoch, verwendet man kühlschrankkaltes Wasser. Ist der Teig zu kalt, nimmt man lauwarmes / warmes Wasser.

Mit der Bassinage ist es viel einfacher, die passende Wassermenge für das jeweilige Mehl zu finden.

DEHNEN UND FALTEN

Zur Verbesserung der Teigstruktur wird der Teig gedehnt und gefaltet. Dadurch wird er straffer, gewinnt an Stabilität und hält die Gärgase besser. Dafür wird der Teig in der Teigwanne von jeder Seite mit der nassen Hand aufgezogen und zur Mitte gefaltet. Reißt er beim Aufziehen, muss das Dehnen und Falten beendet werden.

Dehnen und Falten

COIL FOLD

Bei dieser sanften Version des Dehnens und Faltens wird der Teig nicht aufgezogen, sondern dehnt sich nur so viel wie er selbst kann. Dafür den Teig mit beiden nassen Händen von unten hochheben und einfalten (1–7).

Mein Tipp: Besonders Dinkel und Urgetreide profitieren vom Coil Fold. Mit dieser Methode bearbeitet man den Teig schonender und erkennt besser, wann man aufhören muss.

Coil Fold

1

2

3

4

5

6

7

LAMINIEREN

Laminieren ist ein maximales Dehnen und Falten. Dabei wird der Teig auf der leicht befeuchteten Arbeitsfläche sehr dünn ausgezogen. Jetzt können nach Belieben Einlagen aufgestreut werden. Dann wird der Teig wieder zusammengefaltet und zurück in die Teigwanne gelegt. Wenn überhaupt, wird das Laminieren nur einmal durchgeführt. Es empfiehlt sich nur für weichere Teige und fördert eine offene Krume (Open Crumb).

Beim Laminieren können zusätzliche Füllungen eingearbeitet werden, wie hier zum Beispiel gefriergetrocknete Erdbeeren und Schokodrops im Dinkel-Sauerteigbrot nach Tartine-Art (Seite 67).

WANN MIT DEM FALTEN AUFHÖREN?

In der Regel sollen nach einer Verbesserung der Teigstruktur (Dehnen und Falten, Coil Fold oder Laminieren) 30–45 Minuten verstreichen, bevor der nächste Schritt erfolgt. Sind Raum- und Teigtemperatur etwas höher (23–26 °C), entscheide ich schon nach 30 Minuten, ob ein weiterer Schritt notwendig ist. Liegen Raum- und Teigtemperatur eher niedriger (20–23 °C), warte ich 45 Minuten.

Um besser beurteilen zu können, ob ein Teig stabil genug ist, darf die Teigwanne nicht zu klein sein. Der Teig muss Platz haben, um sich auszubreiten. Nur so ist erkennbar, ob noch eine weitere Maßnahme zur Verbesserung der Teigstruktur nötig ist. Läuft der Teig in 30–45 Minuten breit, sollte man seine Struktur nochmals verbessern. Bleibt der Teig relativ stabil, kann der Rest der Stockgare erfolgen.

DIE TEIGTEMPERATUR

Generell sollte das Wasser für Dinkelteige kalt sein. Werden jedoch kühlschrankkalte Vorteige (z. B. Kochstück, Quellstück, Lievito-Madre- oder Sauerteigreste) eingesetzt oder ist der Raum kühl, kann man auch Leitungs- oder lauwarmes Wasser verwenden, um die Teigtemperatur auszugleichen.

Idealerweise hat ein Teig am Ende der Knetphase eine Temperatur von 22–24 °C, maximal aber 26 °C. In diesem Temperaturbereich entsteht durch das Kneten ein stabiles Klebergerüst. Temperaturen darüber verhindern die Bildung dieses Gerüstes.

Zu warm gewordene Dinkelteige werden klebrig und verlaufen. Eine zu hohe Teigtemperatur wirkt sich zudem negativ auf das Aussehen sowie auf Rösche und Frischhaltung des Brots aus. Da in diesem Fall das Wasser nicht richtig vom Mehl gebunden wird, trocknet das Gebäck auch schnell aus. Zu warme Teige gären zudem zu schnell, da hohe Temperaturen die Aktivitäten der Mikroorganismen beschleunigen. So entwickeln sie weniger Aromen.

Weiterhin ist zu beachten, dass sich größere Teigmengen langsamer erwärmen und abkühlen als kleinere Mengen. Das ist besonders wichtig, wenn man die Rezeptmengen vergrößert oder verkleinert.

Eine um 5 °C höhere Raumtemperatur als im Rezept angegeben bedeutet eine Halbierung der Reifezeit, eine um 5 °C niedrigere Raumtemperatur umgekehrt eine Verdopplung.

Teigtemperatur mit Laserthermometer messen

ZU DEN REZEPTEN

WIE FINDEST DU DAS PASSENDE REZEPT?

Damit du dich besser orientieren und entscheiden kannst, sind die Rezepte in vier Kapitel unterteilt:

HEFEBROTE: Perfekt zum Einstieg oder für stressige Zeiten
SAUERTEIGBROTE: Die Königsdisziplin des Brotbackens
BROTE MIT GEMISCHTER FÜHRUNG: Mit Sauerteig oder Lievito Madre und mit kommerzieller Hefe
BESONDERE GEBÄCKE: Herzhaftes und süßes Backwerk mit Hefe, Sauerteig oder Lievito Madre

Sobald du weißt, welche(s) Triebmittel du nutzen und welche Art von Gebäck du backen möchtest, kannst du direkt zum entsprechenden Kapitel blättern. Bei jedem Rezept sind unter der Überschrift die wichtigsten Informationen dazu zusammengefasst.

WAS BEDEUTEN DIE ICONS?

Bei jedem Rezept findest du die folgenden Informationen und Abkürzungen:

Verwendete Triebmittel

Verwendete Getreidesorten

Gibt an, wie die Garen ablaufen (Stock- / Stückgare warm / kalt) und ob das Gebäck an einem Tag fertig ist (One Day Bake).

TE: Teigeinlage (Gesamtgewicht und wie viele Stücke à wie viel Gramm das Rezept ergibt.)
GME: Getreidemahlerzeugnisse (Gesamtgewicht von verwendetem Mehl, Flocken, Schrot etc.)
TA: Teigausbeute (Angabe wie weich oder fest der Teig ist.)

Benötigte Größe von Gärkorb, Kastenform oder Backform

Timing Die Zeitleiste auf dem Rezeptfoto zeigt, wie sich die Zubereitung am besten in den Alltag integrieren lässt.

WAS BRAUCHST DU ZUM ARBEITEN?

Neben den im Rezept angegebenen Zutaten solltest du immer auch noch die folgenden Hilfsmittel zum Arbeiten bereitstellen. Diese Zutaten sind nicht extra in den Zutatenlisten angegeben.
Du brauchst:
ÖL für die Teigwanne
BUTTER zum Einfetten von Kasten- und Backformen
ROGGENMEHL 997 zum Bemehlen von Arbeitsfläche und Leinentuch, zum Formen der Teiglinge sowie zum Ausstreuen von Gärkorb, Kasten- und Backform

3

HEFEBROTE

Dein erstes Dinkelbrot

Diese Brote und Brötchen brauchen nur etwas Hefe als Triebmittel. Sie gelingen deshalb besonders leicht und sind ideal als Einstieg in das Brotbacken. Backe dich einfach durch die Rezepte, dann findest du bestimmt schnell deinen Liebling.

» Tipp

Einfach variieren: Tausche die Oliven gegen eine andere Einlage und wähle ein anderes Getreideschrot.

Timing

> Beispiel

BACKTAG

7:00	8:00	17:00	17:30	19:30	20:00	20:30
Brühstück und Vorteig vorbereiten	Brühstück und Vorteig kühlen	Hauptteig kneten	Coil Fold	Formen	Backen	Fertig

OLIVEN-SCHNECKENBROTE

Hefe | Dinkel, Roggen | One Day Bake

TE: 3 Schnecken à 300 g (900 g) **GME:** 400 g **TA:** 168

BRÜHSTÜCK

40 g Roggenschrot
10 g Backmalz (inaktiv)
90 g Wasser (kochend)

BIGA

1,2 g Hefe
60 g Wasser
120 g Dinkelmehl 1050

HAUPTTEIG

Brühstück
Biga
125 g Wasser (kalt) + 15 g (Bassinage, bei Bedarf)
240 g Dinkelmehl 630
8 g Salz
60 g schwarze Oliven, halbiert

BRÜHSTÜCK

- Schrot und Malz in einer Schüssel mit dem kochenden Wasser übergießen. Abdecken und abkühlen lassen. Anschließend im Kühlschrank mindestens 4 Stunden quellen lassen.

BIGA

- Die Hefe im Wasser auflösen. Das Mehl zugeben und alles klümpchenfrei verrühren.
- Bei Raumtemperatur 1 Stunde anspringen lassen. Dann ca. 12 Stunden im Kühlschrank reifen lassen.

HAUPTTEIG & STOCKGARE

- Alle Zutaten bis auf die Oliven mit der Knetmaschine auf niedriger Stufe 5 Minuten vermischen. Dann 3 Minuten auf höherer Stufe auskneten.
- Bei Bedarf das zusätzliche Wasser teelöffelweise einkneten. Dann die Oliven unterkneten.
- Den Teig in eine geölte Teigwanne geben und 30 Minuten ruhen lassen. Danach ein Coil Fold machen.
- Den Teig weitere 2 Stunden bei Raumtemperatur ruhen lassen, bis er sich knapp verdoppelt hat.

FORMEN & STÜCKGARE

- Den Teig in 3 Stücke teilen. Jedes Stück mit Roggenmehl etwas in die Länge ziehen und in sich verdrehen. Die Teigstränge zu Schnecken formen und auf Backpapier setzen.
- Abgedeckt 30–45 Minuten bei Raumtemperatur zur Gare stellen.

BACKEN

- Den Backofen auf 250 °C (Ober- und Unterhitze) vorheizen. Die Schnecken im Ofen fallend auf 230 °C 13 Minuten mit Dampf und 13 Minuten ohne Dampf backen.

»Tipp

Eine Video-Anleitung zum Formen findest du auch in meinem Instagram-Kanal:

Timing
> Beispiel

VORTAG				BACKTAG		
7:00	9:00	17:00	19:00	8:00	9:00	9:20
Koch-/Quell-stück und Vorteig vorbereiten	Koch-/Quell-stück und Vorteig kühlen	Hauptteig kneten	Hauptteig kühlen	Formen	Backen	Fertig

MOHN-SESAM-KNOTEN

Hefe | Dinkel, Emmer | Stockgare kalt, Stückgare warm

TE: 8 Brötchen à 100 g (800 g) **GME:** 435 g **TA:** 175

KOCHSTÜCK

100 g Wasser (kalt)
20 g Dinkelmehl 630

QUELLSTÜCK

45 g Sonnenblumenkerne
20 g Wasser (kalt)

POOLISH

45 g Dinkelmehl 630
45 g Wasser (23 °C)
0,4 g Hefe

HAUPTTEIG

Quellstück
Kochstück
Poolish
170 g Wasser (kalt)
285 g Dinkelmehl 630
85g Emmer-Vollkornmehl
10 g Salz
8 g Öl
4 g Backmalz (inaktiv)
2 g Hefe

AUSSERDEM

je 2 EL Mohn und Sesam

KOCHSTÜCK

- Wasser und Mehl in einem Topf verrühren und bei mittlerer Hitze erwärmen, bis eine puddingartige Konsistenz entsteht. Dabei ständig rühren, damit es nicht anbrennt oder spritzt. Abgedeckt abkühlen lassen und bis zur Verwendung max. 12 Stunden kühlen.

QUELLSTÜCK

- Kerne und Wasser in einer Schüssel vermischen und bis zur Verwendung in den Kühlschrank stellen. 1 Stunde vor dem Kneten herausnehmen und bei Raumtemperatur akklimatisieren lassen.

POOLISH

- Alle Zutaten vermischen und 2 Stunden bei Raumtemperatur anspringen lassen. Dann 10–12 Stunden in den Kühlschrank stellen.

HAUPTTEIG & STOCKGARE

- Das Quellstück in ein Sieb abgießen und die Kerne abtropfen lassen.
- Alle Zutaten bis auf die Kerne mit der Knetmaschine auf niedriger Stufe 5 Minuten vermischen. Dann 3 Minuten auf höherer Stufe auskneten.
- Die Kerne 2 Minuten auf niedriger Stufe einkneten.
- Den Teig in eine geölte Teigwanne geben und 1,5–2 Stunden bei Raumtemperatur ruhen lassen, bis er gut aufgesprungen ist. Falls nötig den Teig nach 30 Minuten dehnen und falten.
- Den Teig über Nacht in den Kühlschrank stellen. Hat er sich dabei nicht vollständig verdoppelt, danach noch 1 Stunde bei Raumtemperatur akklimatisieren lassen.

FORMEN & STÜCKGARE

- Den Teig in 8 Stücke teilen und zu Zylindern formen. Mohn und Sesam in einer Schale mischen.
- Die Stücke zu Knoten formen (Seite 149), leicht mit Wasser befeuchten und in die Mohn-Sesam-Mischung tauchen. Auf Backpapier setzen.
- Mit einem Leinentuch abdecken und 30–45 Minuten bei Raumtemperatur zur Gare stellen.

BACKEN

- Den Backofen auf 230 °C (Ober- und Unterhitze) vorheizen. Die Knoten im Ofen fallend auf 210 °C 10 Minuten mit Dampf und 10 Minuten ohne Dampf backen.

» Tipp

Tauche den Schluss beim Formen gut in Mehl, bevor das Brot in den Gärkorb kommt. So geht es besonders wild auf.

Timing
› Beispiel

VORTAG		BACKTAG					
20:00	22:00	9:00	9:45	10:15	12:15	13:45	14:25
Kochstück und Vorteig vorbereiten	Kochstück und Vorteig kühlen	Hauptteig kneten	Coil Fold 1	Coil Fold 2	Formen und in Gärkorb legen	Backen	Fertig

POOLISH-DINKELBROT

Hefe | Dinkel | Stock- und Stückgare warm

TE: 1 Brot (657 g) **GME:** 375 g **TA:** 165–170 500 g

KOCHSTÜCK

75 g Wasser (kalt)

15 g Dinkelmehl 630

POOLISH

75 g Dinkel-Vollkornmehl

75 g Wasser (23 °C)

0,7 g Hefe

HAUPTTEIG

Kochstück

Poolish

285 g Dinkelmehl 630

75 g Wasser (kalt) + 20 g (Bassinage, bei Bedarf)

20 g Orangensaft

8 g Salz

7 g Honig

1,8 g Hefe

KOCHSTÜCK

- Wasser und Mehl in einem Topf verrühren und bei mittlerer Hitze erwärmen, bis eine puddingartige Konsistenz entsteht. Dabei ständig rühren, damit es nicht anbrennt oder spritzt. Abgedeckt abkühlen lassen und bis zur Verwendung max. 12 Stunden in den Kühlschrank stellen.

POOLISH

- Alle Zutaten vermischen und 2 Stunden bei Raumtemperatur anspringen lassen. Dann 10–12 Stunden in den Kühlschrank stellen.

HAUPTTEIG & STOCKGARE

- Alle Zutaten mit der Knetmaschine auf niedriger Stufe 5 Minuten vermischen. Dann 3 Minuten auf höherer Stufe auskneten.
- Zuletzt bei Bedarf das zusätzliche Wasser teelöffelweise einkneten.
- Den Teig in eine geölte Teigwanne geben und ca. 3 Stunden bei Raumtemperatur ruhen lassen, bis er sich verdoppelt hat. Dabei nach 30 und 60 Minuten ein Coil Fold machen.

FORMEN & STÜCKGARE

- Den Teig rund formen (Seite 146) und mit dem Schluss nach unten in den bemehlten Gärkorb legen.
- Abgedeckt 60–90 Minuten bei Raumtemperatur zur Gare stellen. Eine knappe Verdoppelung reicht aus für einen schöneren Ausbund.

BACKEN

- Den Backofen auf 250 °C (Ober- und Unterhitze) vorheizen. Das Brot auf Backpapier stürzen und in den Ofen schieben.
- Die Temperatur auf 230 °C reduzieren und das Brot mit Dampf 20 Minuten backen. Den Dampf ablassen und das Brot in 20 Minuten fertig backen.

» Tipp

Handsemmeln sind die Königsdisziplin. Also nicht aufgeben, wenn sie nicht gleich beim ersten Mal gelingen.

Timing › Beispiel

VORTAG		BACKTAG				
20:00	21:00	7:00	10:00	10:15	12:15	12:35
Kochstück und Vorteig ansetzen	Kochstück und Vorteig kühlen	Hauptteig kneten	Ballengare	Formen	Backen	Fertig

HANDSEMMELN

Hefe | Dinkel | Stockgare kalt, Stückgare warm

TE: 12 Brötchen à 80 g (960 g) **GME:** 605 g **TA:** 160

KOCHSTÜCK

150 g Wasser (kalt)

30 g Dinkelmehl 630

BIGA

0,5 g Hefe

25 g Wasser (23 °C)

50 g Dinkelmehl 630

HAUPTTEIG

Kochstück

Biga

460 g Dinkelmehl 630

65 g Dinkelmehl 1050

125 g Wasser (kalt)

60 g Milch (kalt)

18 g Honig

12 g Butter

12 g Salz

2,8 g Hefe

KOCHSTÜCK

- Wasser und Mehl in einem Topf verrühren und bei mittlerer Hitze erwärmen, bis eine puddingartige Konsistenz entsteht. Dabei ständig rühren, damit es nicht anbrennt oder spritzt. Abgedeckt abkühlen lassen und bis zur Verwendung max. 12 Stunden in den Kühlschrank stellen.

BIGA

- Die Hefe im Wasser auflösen. Das Mehl zugeben und alles klümpchenfrei verrühren.
- Bei Raumtemperatur 1 Stunde anspringen lassen. Dann ca. 12 Stunden im Kühlschrank reifen lassen.

HAUPTTEIG & STOCKGARE

- Alle Zutaten mit der Knetmaschine auf niedriger Stufe 5 Minuten vermischen. Dann 3 Minuten auf höherer Stufe auskneten.
- Den Teig in eine geölte Teigwanne geben und 2,5–3 Stunden bei Raumtemperatur gehen lassen.

BALLENGARE

- Den Teig in 12 Stücke teilen und rund schleifen. Abgedeckt 15 Minuten ruhen lassen.

FORMEN & STÜCKGARE

- Die Stücke mit reichlich Roggenmehl zu Handsemmeln formen (Seite 150) und umgedreht in einem bemehlten Leinentuch zur Gare stellen.
- Abgedeckt 1–2 Stunden reifen lassen.

BACKEN

- Den Backofen auf 250 °C (Ober- und Unterhitze) vorheizen. 6 Brötchen umdrehen und auf Backpapier setzen.
- Im Ofen fallend auf 230 °C 5 Minuten mit Dampf und 5 Minuten ohne Dampf backen.
- Die restlichen 6 Brötchen ebenso backen.

Timing
> Beispiel

BACKTAG

8:00 ··········· 8:15 ··········· 18:00 ··········· 19:00

8:00	8:15	18:00	19:00
Hauptteig kneten 1	Hauptteig kneten 2	Backen	Fertig

DINKEL-CHIA-VOLLKORNBROT

Hefe | Dinkel | One Day Bake

TE: 1 Brot (1100 g) **GME:** 560 g **TA:** 190 23 × 11 cm

HAUPTTEIG

560 g Dinkel-Vollkornmehl
475 g Wasser (kalt)
30 g Chiasamen
30 g Orangensaft
10 g Olivenöl
13 g Salz
1,1 g Hefe

HAUPTTEIG & STOCKGARE

- Alle Zutaten mit der Knetmaschine auf niedriger Stufe 5 Minuten vermischen. Dann 3 Minuten auf höherer Stufe auskneten.
- Den Teig abgedeckt 15 Minuten quellen lassen.
- Danach nochmals 2–3 Minuten kneten, damit sich die gequollenen Chiasamen gut verteilen.

STÜCKGARE

- Den Teig in die gebutterte und bemehlte Kastenform legen.
- Abgedeckt ca. 10 Stunden bei Raumtemperatur reifen lassen, bis der Teig den Rand der Form erreicht.

BACKEN

- Den Backofen auf 230 °C (Ober- und Unterhitze) vorheizen. Das Brot im Ofen fallend auf 200 °C 1 Stunde backen. Dabei den Dampf nach der Hälfte der Backzeit ablassen.

» Tipp

Das Herunterkühlen des Teiglings macht die Teighaut stabiler. Das erleichtert das Einschneiden.

Timing
> Beispiel

VORTAG

7:00	8:00	17:00	17:30	18:00	18:30	21:30
Kochstück vorbereiten	Kochstück kühlen	Hauptteig kneten	Salz einkneten	Coil Fold 1	Coil Fold 2	Hauptteig kühlen

BACKTAG

8:00	9:30	10:00
Formen	Backen	Fertig

DINKEL-BASIC

Hefe | Dinkel | Stockgare kalt, Stückgare warm

TE: 1 Brot (560 g) **GME:** 325 g **TA:** 166 500 g

KOCHSTÜCK

45 g Wasser
15 g Dinkel-Vollkornmehl

HAUPTTEIG

Kochstück
295 g Dinkelmehl 630
15 g Dinkelvollkornmehl
170 g Wasser
10 g Honig
1,3 g Hefe
7 g Salz

KOCHSTÜCK

- Wasser und Mehl in einem Topf verrühren und bei mittlerer Hitze erwärmen, bis eine puddingartige Konsistenz entsteht. Dabei ständig rühren, damit es nicht anbrennt oder spritzt. Abgedeckt abkühlen lassen und bis zur Verwendung max. 12 Stunden in den Kühlschrank stellen.

HAUPTTEIG & STOCKGARE

- Alle Zutaten bis auf das Salz vermischen und 20–30 Minuten ruhen lassen.
- Danach das Salz zufügen und den Teig von Hand oder mit der Knetmaschine max. 1–2 Minuten kneten.
- Den Teig in eine geölte Teigwanne geben und 30 Minuten ruhen lassen. Danach ein bis zwei Coil Folds mit 30 Minuten Abstand machen.
- Den Teig insgesamt 4–5 Stunden bei Raumtemperatur ruhen lassen, bis er sich knapp verdoppelt hat, sich prall anfühlt und von der Seite betrachtet noch leicht gewölbt ist.
- Den Teig dann über Nacht (max. 12–14 Stunden) in den Kühlschrank stellen.

FORMEN & STÜCKGARE

- Den Teig aus der Wanne stürzen und länglich formen (Seite 146). Dann in den bemehlten Gärkorb legen.
- Den Teigling abgedeckt 1 Stunde bei Raumtemperatur, dann 30 Minuten im Kühlschrank reifen lassen.

BACKEN

- Den Backofen auf 250 °C (Ober- und Unterhitze) vorheizen. Das Brot auf Backpapier stürzen und in den Ofen schieben.
- Die Temperatur auf 230°C reduzieren und das Brot mit Dampf 13 Minuten backen. Den Dampf ablassen und das Brot in 13 Minuten fertig backen.

» Tipp

Bereite das Brot auch mal mit Süßkartoffeln zu. Sie geben ihm einen schönen Orangeton.

Timing › Beispiel

VORTAG		BACKTAG			
19:00	21:00	8:00	11:00	14:00	14:50
Vorteig ansetzen	Vorteig kühlen	Hauptteig kneten	Formen	Backen	Fertig

KARTOFFEL-TOASTBROT

Hefe | Dinkel | Stock- und Stückgare warm

TE: 1 Brot (950 g) **GME:** 490 g **TA:** 152 23 × 11 cm

POOLISH

100 g Dinkel-Vollkornmehl

100 g Wasser (23 °C)

1 g Hefe

HAUPTTEIG

Poolish

390 g Dinkelmehl 630

120 g Kartoffeln, geschält, gedünstet und zerdrückt

155 g Milch (kalt)

50 g Butter (kalt)

15 g Honig

10 g Salz

2 g Hefe

AUSSERDEM

Milch zum Bestreichen

POOLISH

- Alle Zutaten vermischen und 2 Stunden bei Raumtemperatur anspringen lassen. Dann 10–12 Stunden in den Kühlschrank stellen.

HAUPTTEIG & STOCKGARE

- Alle Zutaten mit der Knetmaschine auf niedriger Stufe 8–10 Minuten kneten. Dann 3–5 Minuten auf höherer Stufe auskneten.
- Den Teig abgedeckt ca. 3 Stunden bei Raumtemperatur ruhen lassen, bis er sich mindestens verdoppelt hat.

FORMEN & STÜCKGARE

- Den Teig in 3 Stücke teilen und formen (Seite 147). Dann in die gebutterte und bemehlte Kastenform legen.
- Den Teig abgedeckt ca. 3 Stunden bei Raumtemperatur reifen lassen, bis er sich verdoppelt hat und die Form ganz ausfüllt.

BACKEN

- Den Backofen auf 200 °C (Ober- und Unterhitze) vorheizen. Das Brot mit Milch bestreichen und im Ofen 50 Minuten mit Dampf backen.
- Danach das Brot sofort aus der Form nehmen. Noch heiß erneut mit Milch bestreichen, damit es schön glänzt.

Timing
> Beispiel

VORTAG				BACKTAG		
7:00	9:00	19:00	21:00	8:00	9:30	10:00
Kochstück und Vorteig ansetzen	Kochstück und Vorteig kühlen	Hauptteig kneten	Hauptteig kühlen	Formen	Backen	Fertig

KAROTTENBROT

Hefe | Dinkel | Stockgare kalt, Stückgare warm

TE: 1 Brot (650 g) **GME:** 335 g **TA:** 165–171 500 g

KOCHSTÜCK

75 g Wasser (kalt)

15 g Dinkelmehl 630

POOLISH

35 g Dinkelmehl 630

35 g Wasser (23 °C)

0,3 g Hefe

HAUPTTEIG

Kochstück

Poolish

185 g Dinkelmehl 630

100 g Dinkel-Vollkornmehl

110 g Wasser (kalt) + 20 g (Bassinage, bei Bedarf)

65 g Karotten, fein geraspelt

7 g Salz

6 g Öl

1,7 g Hefe

KOCHSTÜCK

- Wasser und Mehl in einem Topf verrühren und bei mittlerer Hitze erwärmen, bis eine puddingartige Konsistenz entsteht. Dabei ständig rühren, damit es nicht anbrennt oder spritzt. Abgedeckt abkühlen lassen und bis zur Verwendung max. 12 Stunden in den Kühlschrank stellen.

POOLISH

- Alle Zutaten vermischen und 2 Stunden bei Raumtemperatur anspringen lassen. Dann 10–12 Stunden in den Kühlschrank stellen.

HAUPTTEIG & STOCKGARE

- Alle Zutaten mit der Knetmaschine auf niedriger Stufe 8–10 Minuten kneten. Dann 3–5 Minuten auf höherer Stufe auskneten.
- Zuletzt bei Bedarf das zusätzliche Wasser teelöffelweise einkneten.
- Den Teig 2 Stunden bei Raumtemperatur anspringen lassen, bis er aufgegangen ist, sich aber noch nicht verdoppelt hat.
- Danach über Nacht (10–12 Stunden) in den Kühlschrank stellen.

FORMEN & STÜCKGARE

- Den Teig länglich formen (Seite 146) und in den bemehlten Gärkorb legen.
- Den Teigling abgedeckt 1 Stunde bei Raumtemperatur, dann 30 Minuten im Kühlschrank reifen lassen.

BACKEN

- Den Backofen auf 250 °C (Ober- und Unterhitze) vorheizen. Das Brot auf Backpapier stürzen und in den Ofen schieben.
- Die Temperatur auf 230°C reduzieren und das Brot mit Dampf 13 Minuten backen. Den Dampf ablassen und das Brot in 13 Minuten fertig backen.

4

SAUERTEIGBROTE

Auf die richtige Führung kommt es an

Nur mit Sauerteig oder Lievito Madre gebacken, gelten sie als die Königsdisziplin des Brotbackens. Diese Brote und Brötchen sind sehr geschmacksintensiv und enorm vielfältig. Da ist garantiert für jeden Geschmack etwas dabei.

Das A und O für eine offene, wilde Krume ist ein aktives Anstellgut. Auch eine ausgereizte Stockgare ist ein wichtiger Parameter, was wiederum nur mit einem sehr aktiven Anstellgut gelingt. Der Teig sollte am Ende der Stockgare stabil und prall sein, und die Oberfläche nicht ausreißen. Weiterhin ist eine kalte Stückgare von mindestens 12 Stunden wichtig, in der sich der Teig ungefähr verdoppeln sollte.

Timing

> Beispiel

VORTAG

- 9:00 – Kochstück und Sauerteig vorbereiten
- 10:00 – Kochstück kühlen
- 12:00 – Fermentolyse
- 12:30 – Salz einkneten
- 13:00 – Coil Fold 1
- 13:30 – Coil Fold 2
- 18:00 – Pre-Shape
- 18:30 – Formen
- 18:50 – Gärkorb kühlen

BACKTAG

- 9:30 – Backen
- 10:00 – Fertig

DINKEL-SAUERTEIGBROT NACH TARTINE-ART

Sauerteig | Dinkel | Stockgare warm, Stückgare kalt

TE: 1 Brot (650 g) **GME:** 367 g **TA:** 165–172 500 g

KOCHSTÜCK

90 g Wasser (kalt)

20 g Dinkelmehl 630

SAUERTEIG

24 g Anstellgut

20 g Wasser (30 °C)

24 g Dinkelmehl 630

HAUPTTEIG

Kochstück

Sauerteig

240 g Dinkelmehl 630

70 g Dinkel-Vollkornmehl

120 g Wasser (kalt) + 25 g (Bassinage, bei Bedarf)

10 g Honig (oder Dattelsüße)

6 g Kartoffelflocken (nach Belieben)

8 g Salz

KOCHSTÜCK

- Wasser und Mehl in einem Topf verrühren und bei mittlerer Hitze erwärmen, bis eine puddingartige Konsistenz entsteht. Dabei ständig rühren, damit es nicht anbrennt oder spritzt. Abgedeckt abkühlen lassen und bis zur Verwendung max. 12 Stunden kühlen.

SAUERTEIG

- Das Anstellgut im Wasser auflösen. Dann das Mehl einrühren, bis keine Klümpchen mehr zu sehen sind.
- Den Sauerteig bei 28 °C 2–3 Stunden reifen lassen, bis er sich verdoppelt hat und aktiv ist.

HAUPTTEIG & STOCKGARE

- Alle Zutaten bis auf das Salz vermischen und 20–30 Minuten ruhen lassen (Fermentolyse). Dieser Schritt kann von Hand oder mit der Knetmaschine (1–2 Minuten auf niedriger Stufe) erfolgen.
- Das Salz zufügen und den Teig von Hand oder mit der Knetmaschine max. 1–2 Minuten kneten. Zuletzt bei Bedarf das zusätzliche Wasser teelöffelweise einkneten.
- Den Teig in eine geölte Teigwanne geben und 30 Minuten ruhen lassen. Danach ein bis zwei Coil Folds mit 30 Minuten Abstand machen.
- Den Teig bei 23 °C insgesamt 5–6 Stunden ruhen lassen, bis er sich knapp verdoppelt hat, sich prall anfühlt und von der Seite betrachtet noch leicht gewölbt ist.

PRE-SHAPE

- Den Teig auf die bemehlte Arbeitsfläche stürzen und rund wirken. Mit einem Leinentuch abgedeckt 30 Minuten ruhen lassen.

FORMEN & STÜCKGARE

- Den Teig länglich formen (Seite 146) und in den bemehlten Gärkorb legen.
- Den Teigling 20 Minuten bei Raumtemperatur, anschließend abgedeckt 12–14 Stunden im Kühlschrank reifen lassen.

BACKEN

- Den Backofen auf 250 °C (Ober- und Unterhitze) vorheizen. Das Brot auf Backpapier stürzen, einschneiden und in den Ofen schieben.
- Temperatur auf 230 °C reduzieren und das Brot mit Dampf 12–15 Minuten backen. Den Dampf ablassen und das Brot in 12–15 Minuten fertig backen.

»Tipp

Die kräftige Farbe der Stangen rührt vom Einweichwasser der Walnüsse. Also nicht weggießen!

Timing
> Beispiel

VORTAG

11:30	12:30	14:30	15:00	15:30	16:00	19:00
Quell-/ Kochstück und Sauerteig vorbereiten	Kochstück kühlen	Fermentolyse	Salz und Walnüsse einkneten	Coil Fold 1	Coil Fold 2	Teig kühlen

BACKTAG

8:00	9:00	9:25
Formen	Backen	Fertig

RUSTIKALE WALNUSS-STANGEN

Sauerteig · Dinkel · Stockgare kalt, Stückgare warm

TE: 3 Stangen à 300 g (900 g) **GME:** 442 g **TA:** 171–176

QUELLSTÜCK

85 g Walnusskerne, gehackt und geröstet

40 g Wasser (kalt)

KOCHSTÜCK

110 g Wasser (kalt)

25 g Dinkel-Ruchmehl

SAUERTEIG

30 g Anstellgut

25 g Wasser (30 °C)

30 g Dinkel-Ruchmehl

HAUPTTEIG

Quellstück

Kochstück

Sauerteig

120 g Wasser (kalt, inkl. Einweichwasser der Walnüsse) + 20 g (Bassinage, bei Bedarf)

370 g Dinkel-Ruchmehl

12 g Honig

10 g Salz

QUELLSTÜCK

- Nüsse und Wasser in einer Schüssel vermischen und bis zur Verwendung kühlen. 1 Stunde vor dem Kneten herausnehmen und bei Raumtemperatur akklimatisieren lassen.

KOCHSTÜCK

- Wasser und Mehl in einem Topf verrühren und bei mittlerer Hitze erwärmen, bis eine puddingartige Konsistenz entsteht. Dabei ständig rühren, damit es nicht anbrennt oder spritzt. Abgedeckt abkühlen lassen und bis zur Verwendung max. 12 Stunden in den Kühlschrank stellen.

SAUERTEIG

- Das Anstellgut im Wasser auflösen. Dann das Mehl einrühren, bis keine Klümpchen mehr zu sehen sind. Den Sauerteig bei 28 °C 2–3 Stunden reifen lassen, bis er sich verdoppelt hat und aktiv ist.

HAUPTTEIG & STOCKGARE

- Das Quellstück in ein Sieb abgießen, dabei das Einweichwasser auffangen und für den Teig verwenden. Die Nüsse abtropfen lassen.
- Alle Zutaten bis auf Salz und Nüsse vermischen und 20–30 Minuten ruhen lassen (Fermentolyse). Dieser Schritt kann von Hand oder mit der Knetmaschine (1–2 Minuten auf niedriger Stufe) erfolgen.
- Das Salz zufügen und den Teig von Hand oder mit der Knetmaschine max. 1–2 Minuten kneten. Zuletzt bei Bedarf das zusätzliche Wasser teelöffelweise einkneten. Dann die Walnüsse langsam unterkneten.
- Den Teig in eine geölte Teigwanne geben und 30 Minuten ruhen lassen. Danach ein bis zwei Coil Folds mit 30 Minuten Abstand machen.
- Den Teig bei Raumtemperatur insgesamt 2,5–3 Stunden ruhen lassen, bis er aufgegangen ist, sich aber noch nicht verdoppelt hat. Dann über Nacht in den Kühlschrank stellen.

FORMEN & STÜCKGARE

- Den Teig auf die bemehlte Arbeitsfläche stürzen und in 3 Stücke teilen. Die Ecken in die Mitte klappen, sodass eine Naht in der Mitte entsteht.
- In einem Leinentuch 1 Stunde bei Raumtemperatur reifen lassen, bis die Teiglinge sich verdoppelt haben und prall anfühlen.

BACKEN

- Den Backofen auf 250 °C (Ober- und Unterhitze) vorheizen. Die Stangen im Ofen fallend auf 230 °C 12 Minuten mit Dampf und 12 Minuten ohne Dampf backen.

Timing
> Beispiel

VORTAG							BACKTAG	
9:00	12:00	12:30	13:00	13:30	16:00	16:15	7:30	8:00
Sauerteig ansetzen	Fermentolyse	Salz einkneten	Coil Fold 1	Coil Fold 2	Formen	Gärkorb kühlen	Backen	Fertig

VOLLKORN-KARTOFFEL-BROT MIT EMMER

Sauerteig | Dinkel, Emmer | Stockgare warm, Stückgare kalt

TE: 1 Brot (643 g) **GME:** 316 g **TA:** 168 500 g

SAUERTEIG

20 g Anstellgut

16 g Wasser (30 °C)

20 g Dinkel-Vollkornmehl

HAUPTTEIG

Sauerteig

190 g Wasser (kalt)

190 g Dinkel-Vollkornmehl

95 g Emmer-Vollkornmehl (oder Dinkel-Vollkornmehl)

95 g Kartoffeln, geschält, gedünstet und zerdrückt

9 g Honig

8 g Salz

SAUERTEIG

- Das Anstellgut im Wasser auflösen. Dann das Mehl einrühren, bis keine Klümpchen mehr zu sehen sind. Den Sauerteig bei 28 °C 2–3 Stunden reifen lassen, bis er sich verdoppelt hat und aktiv ist.

HAUPTTEIG & STOCKGARE

- Alle Zutaten bis auf das Salz vermischen und 20–30 Minuten ruhen lassen (Fermentolyse, bei Temperaturen über 25 °C den Sauerteig erst mit dem Salz zufügen.) Dieser Schritt kann von Hand oder mit der Knetmaschine (1–2 Minuten auf niedriger Stufe) erfolgen.
- Das Salz zufügen und den Teig von Hand oder mit der Knetmaschine max. 1–2 Minuten kneten.
- Den Teig in eine geölte Teigwanne geben und 30 Minuten ruhen lassen. Danach ein bis zwei Coil Folds mit 30 Minuten Abstand machen.
- Den Teig bei 23 °C insgesamt ca. 4 Stunden ruhen lassen, bis er sich knapp verdoppelt hat, sich prall anfühlt und von der Seite betrachtet noch leicht gewölbt ist.

FORMEN & STÜCKGARE

- Den Teig auf die bemehlte Arbeitsfläche stürzen, länglich formen (Seite 146) und in den bemehlten Gärkorb legen.
- Den Teigling 20 Minuten bei Raumtemperatur, dann abdeckt 12–14 Stunden im Kühlschrank reifen lassen.

BACKEN

- Den Backofen auf 250 °C (Ober- und Unterhitze) vorheizen. Das Brot auf Backpapier stürzen und in den Ofen schieben.
- Die Temperatur auf 230 °C reduzieren und das Brot mit Dampf 13 Minuten backen. Den Dampf ablassen und das Brot in 13 Minuten fertig backen.

Timing
> Beispiel

VORTAG							BACKTAG		
12:30	13:30	15:30	16:00	16:30	17:00	20:00	8:00	9:30	10:00
Kochstück vorbereiten, Sauerteig ansetzen	Kochstück kühlen	Fermentolyse	Salz einkneten	Coil Fold 1	Coil Fold 2	Teig kühlen	Formen	Backen	Fertig

PA DALÍ

Sauerteig | Dinkel, Einkorn | Stockgare kalt, Stückgare warm

TE: 2 Brote à 525 g (1050 g) **GME:** 612 g **TA:** 162–167

KOCHSTÜCK

150 g Wasser (kalt)

40 g Dinkelmehl 630

SAUERTEIG

40 g Anstellgut

32 g Wasser (30 °C)

40 g Dinkelmehl 630

HAUPTTEIG

Kochstück

Sauerteig

180 g Wasser (kalt) + 30 g (Bassinage, bei Bedarf)

330 g Dinkelmehl 630

180 g Einkorn-Vollkornmehl (oder Dinkel-Vollkornmehl)

14 g Salz

12 g Olivenöl

KOCHSTÜCK

- Wasser und Mehl in einem Topf verrühren und bei mittlerer Hitze erwärmen, bis eine puddingartige Konsistenz entsteht. Dabei ständig rühren, damit es nicht anbrennt oder spritzt. Abgedeckt abkühlen lassen und bis zur Verwendung max. 12 Stunden kühlen.

SAUERTEIG

- Das Anstellgut im Wasser auflösen. Dann das Mehl einrühren, bis keine Klümpchen mehr zu sehen sind. Den Sauerteig bei 28 °C 2–3 Stunden reifen lassen, bis er sich verdoppelt hat und aktiv ist.

HAUPTTEIG & STOCKGARE

- Alle Zutaten bis auf Salz und Öl mit der Knetmaschine vermischen und 20–30 Minuten ruhen lassen (Fermentolyse).
- Salz und Öl zufügen und den Teig 3–5 Minuten auf mittlerer Stufe kneten. Zuletzt bei Bedarf das zusätzliche Wasser teelöffelweise einkneten.
- Den Teig in eine geölte Teigwanne geben und 30 Minuten ruhen lassen. Danach ein bis zwei Coil Folds mit 30 Minuten Abstand machen.
- Den Teig bei 23 °C insgesamt 3–4 Stunden ruhen lassen, bis er sich knapp verdoppelt hat, sich prall anfühlt und von der Seite betrachtet noch leicht gewölbt ist.
- Dann über Nacht in den Kühlschrank stellen.

FORMEN & STÜCKGARE

- Den Teig 20–30 Minuten bei Raumtemperatur akklimatisieren lassen. Dann auf die bemehlte Arbeitsfläche stürzen, in 2 Stücke teilen und rund formen.
- Abgedeckt 20 Minuten entspannen lassen. Dann fertig formen (Seite 147).
- Die Teiglinge mit dem Schluss nach unten auf ein bemehltes Leinentuch setzen und 1–1,5 Stunden bei Raumtemperatur reifen lassen.

BACKEN

- Den Backofen auf 250 °C (Ober- und Unterhitze) vorheizen.
- Die Brote umdrehen und auf Backpapier setzen. Im Ofen fallend auf 230 °C 20 Minuten mit Dampf und 10 Minuten ohne Dampf backen.

> Dieses traditionelle Brot aus Katalonien wird auch „pa de tres crostons“ (Brot mit 3 Enden) genannt. Katalanen lieben Brotecken, die sie gerne auch in Olivenöl dippen. Seitdem der Künstler Salvador Dalí solche Brote in seinen Kunstwerken dargestellt hat, heißen sie auch Pa Dalí.

»Tipp

Eine Video-Anleitung zum Formen findest du auch auf meinem Instagram-Kanal:

Timing
> Beispiel

VORTAG									BACKTAG	
9:00	10:00	12:00	12:30	13:00	13:30	18:00	18:30	18:50	9:30	10:00
Kochstück vorbereiten, Sauerteig ansetzen	Kochstück kühlen	Fermentolyse	Salz einkneten	Coil Fold 1	Coil Fold 2	Pre-Shape	Formen	Gärkorb kühlen	Backen	Fertig

MOÑA GALLEGA

Sauerteig | Dinkel, Roggen | Stockgare warm, Stückgare kalt

TE: 1 Brot (668 g) **GME:** 365 g **TA:** 178 500 g

KOCHSTÜCK

50 g Wasser (kalt)
10 g Dinkelmehl 630

SAUERTEIG

15 g Anstellgut
30 g Wasser (30 °C)
15 g Roggen-Vollkornmehl
15 g Dinkelmehl 1050

HAUPTTEIG

Kochstück
Sauerteig
200 g Wasser (kalt)
145 g Dinkelmehl 1050
170 g Dinkelmehl 630
10 g Honig
8 g Salz

KOCHSTÜCK

- Wasser und Mehl in einem Topf verrühren und bei mittlerer Hitze erwärmen, bis eine puddingartige Konsistenz entsteht. Dabei ständig rühren, damit es nicht anbrennt oder spritzt. Abgedeckt abkühlen lassen und bis zur Verwendung max. 12 Stunden kühlen.

SAUERTEIG

- Das Anstellgut im Wasser auflösen. Dann beide Mehlsorten einrühren, bis keine Klümpchen mehr zu sehen sind. Den Sauerteig bei 28 °C 2–3 Stunden reifen lassen, bis er sich verdoppelt hat und aktiv ist.

HAUPTTEIG & STOCKGARE

- Alle Zutaten bis auf das Salz vermischen und 20–30 Minuten ruhen lassen (Fermentolyse). Dieser Schritt kann von Hand oder mit der Knetmaschine (1–2 Minuten auf niedriger Stufe) erfolgen.
- Das Salz zufügen und den Teig von Hand oder mit der Knetmaschine max. 1–2 Minuten kneten.
- Den Teig in eine geölte Teigwanne geben und 30 Minuten ruhen lassen. Danach ein bis zwei Coil Folds mit 30 Minuten Abstand machen.
- Den Teig bei 23 °C 4–5 Stunden ruhen lassen, bis er sich knapp verdoppelt hat, sich prall anfühlt und von der Seite betrachtet noch leicht gewölbt ist.

PRE-SHAPE

- Den Teig auf die bemehlte Arbeitsfläche stürzen und rund wirken. Mit einem Leinentuch abgedeckt 30 Minuten ruhen lassen.

FORMEN & STÜCKGARE

- Den Teig rund formen und in den bemehlten Gärkorb legen.
- Den Teigling zuerst 20 Minuten bei Raumtemperatur, dann abgedeckt 12–14 Stunden im Kühlschrank reifen lassen.

BACKEN

- Den Backofen auf 250 °C (Ober- und Unterhitze) vorheizen. Das Brot auf Backpapier stürzen und bemehlen. Ein Stück Teig von der Mitte greifen, lang ziehen und zu einem Knoten binden. Das Brot einschneiden und in den Ofen schieben.
- Die Temperatur auf 230 °C reduzieren und das Brot mit Dampf 12–15 Minuten backen. Den Dampf ablassen und das Brot weitere 12 Minuten bis zur gewünschten Farbe backen.

Timing
> Beispiel

VORTAG		BACKTAG			
20:00	21:00	8:00	10:00	11:30	12:20
Quell-/Brühstück vorbereiten, Sauerteig ansetzen	Quell-/Brühstück kühlen	Hauptteig kneten	Formen	Backen	Fertig

HASELNUSSBROT

Sauerteig | Dinkel, Roggen | Stock- und Stückgare warm

TE: 1 Brot (965 g) | **GME:** 437 g | **TA:** 182 | 500 g

QUELLSTÜCK

85 g Haselnusskerne
40 g Wasser (kalt)

BRÜHSTÜCK

45 g Altbrot
135 g Wasser (kochend)

SAUERTEIG

13 g Anstellgut
130 g Wasser (30 °C)
130 g Roggen-Vollkornmehl

HAUPTTEIG

Quellstück
Brühstück
Sauerteig
70 g Wasser (kalt)
235 g Dinkelmehl 630
65 g Dinkel-Vollkornmehl
9 g Salz
8 g Haselnussöl

QUELLSTÜCK

- Nüsse und Wasser in einer Schüssel vermischen und bis zur Verwendung in den Kühlschrank stellen. 1 Stunde vor dem Kneten herausnehmen und bei Raumtemperatur akklimatisieren lassen.

BRÜHSTÜCK

- Das Altbrot in einer Schüssel mit dem kochenden Wasser übergießen. Abdecken und abkühlen lassen. Dann über Nacht in den Kühlschrank stellen.

SAUERTEIG

- Das Anstellgut im Wasser auflösen. Dann das Mehl einrühren, bis keine Klümpchen mehr zu sehen sind. Den Sauerteig bei 23 °C 10–12 Stunden reifen lassen.

HAUPTTEIG & STOCKGARE

- Das Quellstück in ein Sieb abgießen und die Nüsse abtropfen lassen.
- Alle Zutaten bis auf die Nüsse mit der Knetmaschine auf niedriger Stufe 10 Minuten vermischen, dann 2 Minuten auf höherer Stufe kneten.
- Die Nüsse langsam einkneten.
- Den Teig in eine geölte Teigwanne geben und 2 Stunden bei 23 °C ruhen lassen. Dabei den Teig nach 30 Minuten einmal dehnen und falten.

FORMEN & STÜCKGARE

- Den Teig auf die bemehlte Arbeitsfläche stürzen und rund formen (Seite 146).
- Mit dem Schluss nach oben in den bemehlten Gärkorb legen und abgedeckt 1–1,5 Stunden bei 23 °C zur Gare stellen.

BACKEN

- Den Backofen auf 250 °C (Ober- und Unterhitze) vorheizen. Das Brot auf Backpapier stürzen, einschneiden und in den Ofen schieben.
- Die Temperatur auf 230 °C reduzieren und das Brot mit Dampf 25 Minuten backen. Den Dampf ablassen und das Brot in 25 Minuten fertig backen.

Mit Dinkelsauerteig oder Lievito Madre als Anstellgut kannst du auch einen Roggensauerteig wie hier ansetzen. Mit Reifezeit und -temperatur steuerst du das Aroma: Je kälter und länger (12–14 Stunden bei 22 °C) desto säuerlicher, je wärmer und kürzer (6–8 Stunden bei 26 °C) desto milder.

Timing
> Beispiel

VORTAG		BACKTAG			
20:00	21:00	8:00	8:30	10:30	11:20
Sauerteig ansetzen, Brühstück vorbereiten	Brühstück kühlen	Hauptteig kneten	Formen	Backen	Fertig

GRÜNKERNBROT

Sauerteig Dinkel, Grünkern, Roggen Stock- und Stückgare warm

TE: 1 Brot (960 g) **GME:** 515 g **TA:** 180 1 kg

SAUERTEIG

30 g Anstellgut
150 g Wasser (30 °C)
150 g Roggenmehl 1150
3 g Salz

BRÜHSTÜCK

50 g Grünkernschrot
100 g Wasser (kochend)

HAUPTTEIG

Sauerteig
Brühstück
150 g Roggenmehl 1150
150 g Dinkelmehl 630
150 g Wasser (30 °C)
9 g Gerstenmalzextrakt
8 g Salz

SAUERTEIG

- Das Anstellgut im Wasser auflösen. Dann Mehl und Salz einrühren, bis keine Klümpchen mehr zu sehen sind.
- Den Sauerteig bei 30 °C fallend auf 22 °C 10–12 Stunden reifen lassen, bis er sich verdoppelt hat.

BRÜHSTÜCK

- Das Schrot in einer Schüssel mit dem kochenden Wasser übergießen.
- Abdecken und abkühlen lassen. Dann im Kühlschrank mind. 4 Stunden quellen lassen.

HAUPTTEIG & STOCKGARE

- Alle Zutaten mit der Knetmaschine auf niedriger Stufe 8–10 Minuten kneten.
- Den Teig abgedeckt 30 Minuten bei Raumtemperatur ruhen lassen.

FORMEN & STÜCKGARE

- Den Teig auf die bemehlte Arbeitsfläche stürzen und rund formen (Seite 146). In den bemehlten Gärkorb legen.
- Den Teigling abgedeckt 2 Stunden bei Raumtemperatur reifen lassen, bis er sich verdoppelt hat und eine Maserung entstanden ist. Die Risse sollen ca. 5 mm breit sein.

BACKEN

- Den Backofen auf 250 °C (Ober- und Unterhitze) vorheizen. Das Brot auf Backpapier stürzen, in den Ofen schieben und mit wenig Dampf 5 Minuten anbacken.
- Die Temperatur auf 230 °C reduzieren und das Brot weitere 45 Minuten backen. Dabei nach der Hälfte der Backzeit den Dampf ablassen.

Timing
> Beispiel

VORTAG		BACKTAG			
20:00	21:00	8:00	8:30	10:30	11:20
Sauerteig ansetzen, Quell-/Kochstück vorbereiten	Quell-/Kochstück kühlen	Hauptteig kneten	Formen	Backen	Fertig

GRÜNKERN-ROGGEN-KERNLING

Sauerteig | Dinkel, Grünkern, Roggen | Stock- und Stückgare warm

TE: 1 Brot (1554 g) **GME:** 728 g **TA:** 203 23 × 11 cm

SAUERTEIG

24 g Anstellgut
240 g Wasser (30 °C)
240 g Roggen-Vollkornmehl

QUELLSTÜCK

30 g Leinsamen, geschrotet
30 g Sonnenblumenkerne
60 g Wasser (kalt)

KOCHSTÜCK

60 g Roggenkörner
60 g Grünkernkörner
240 g Wasser

HAUPTTEIG

Sauerteig
Quellstück
Kochstück
220 g Roggenmehl 1150
135 g Dinkelmehl 630
200 g Wasser (30 °C)
15 g Salz

AUSSERDEM

Haferflocken zum Wälzen

SAUERTEIG

- Das Anstellgut im Wasser auflösen. Dann das Mehl einrühren, bis keine Klümpchen mehr zu sehen sind.
- Den Sauerteig bei 30 °C fallend auf 22 °C 10–12 Stunden reifen lassen, bis er sich verdoppelt hat.

QUELLSTÜCK

- Alle Zutaten in einer Schüssel vermischen und bis zur Verwendung in den Kühlschrank stellen. 1 Stunde vor dem Kneten herausnehmen und bei Raumtemperatur akklimatisieren lassen.

KOCHSTÜCK

- Körner und Wasser in einem Topf zugedeckt 30 Minuten köcheln lassen. Dann abgedeckt 30 Minuten quellen lassen und bis zur Verwendung max. 12 Stunden in den Kühlschrank stellen. 1–2 Stunden vor dem Kneten des Hauptteigs herausnehmen.

HAUPTTEIG & STOCKGARE

- Alle Zutaten mit der Knetmaschine auf niedriger Stufe 8–10 Minuten kneten.
- Den Teig abgedeckt 30 Minuten bei Raumtemperatur ruhen lassen.

FORMEN & STÜCKGARE

- Den Teig mit nassen Händen länglich formen und in den Haferflocken wälzen. In die gebutterte und bemehlte Kastenform legen und etwas flach drücken.
- Den Teig abgedeckt 2 Stunden bei Raumtemperatur reifen lassen, bis er die Form ganz ausfüllt.

BACKEN

- Den Backofen auf 230 °C (Ober- und Unterhitze) vorheizen. Das Brot im Ofen fallend auf 210 °C 50 Minuten backen (Kerntemperatur 97 °C).

Timing
> Beispiel

BACKTAG

8:00	9:00	11:00	15:30	16:30
Sauerteig ansetzen, Kochstück vorbereiten	Kochstück kühlen	Hauptteig kneten und formen	Backen	Fertig

DINKEL-GERSTEN-BROT

Sauerteig | Dinkel, Gerste | One Day Bake

TE: 1 Brot (1385–1405 g) **GME:** 675 g **TA:** 200–203 23 × 11 cm

SAUERTEIG

90 g Anstellgut

70 g Wasser

90 g Dinkelmehl 630

KOCHSTÜCK

135 g Gerstenkörner

270 g Wasser

HAUPTTEIG

Sauerteig

Kochstück

300 g Wasser + 20 g (Bassinage, bei Bedarf)

100 g Dinkel-Vollkornmehl

220 g Dinkelmehl 630

80 g Gerstenmehl (oder Dinkel-Vollkornmehl)

15 g Salz

6 g Malzmehl (inaktiv)

3 g Flohsamenschalen

AUSSERDEM

je 4 EL Haferflocken und Sesam zum Wälzen

SAUERTEIG

- Das Anstellgut im Wasser auflösen. Dann das Mehl einrühren, bis keine Klümpchen mehr zu sehen sind.
- Den Sauerteig bei 28 °C 2–3 Stunden reifen lassen, bis er sich verdoppelt hat und aktiv ist.

KOCHSTÜCK

- Körner und Wasser in einem Topf zugedeckt 30 Minuten köcheln lassen. Abgedeckt 1–2 Stunden quellen lassen und bis zur Verwendung max. 12 Stunden in den Kühlschrank stellen.

HAUPTTEIG

- Alle Zutaten mit der Knetmaschine auf mittlerer Stufe 5–10 Minuten kneten, bis ein glatter Teig entsteht.
- Zuletzt bei Bedarf das zusätzliche Wasser teelöffelweise einkneten.
- Den Teig abgedeckt 10 Minuten in der Rührschüssel ruhen lassen.

FORMEN & STÜCKGARE

- Haferflocken und Sesam in einer Schale mischen.
- Den Teig länglich formen und in der Flockenmischung wälzen. In die gebutterte und bemehlte Kastenform legen und etwas flach drücken.
- Abgedeckt 4–5 Stunden bei Raumtemperatur reifen lassen, bis der Teig den Rand der Form knapp erreicht.

BACKEN

- Den Backofen auf 230 °C (Ober- und Unterhitze) vorheizen. Das Brot im Ofen 15 Minuten mit Dampf backen. Dann weitere 45 Minuten bei 210 °C backen.

Timing
> Beispiel

VORTAG		BACKTAG			
20:00	21:00	8:00	11:00	18:00	19:00
Quell-/Kochstück vorbereiten	Quell-/Kochstück kühlen	Sauerteig ansetzen	Hauptteig kneten und formen	Backen	Fertig

SONNENBLUMENKASTEN

Sauerteig | Dinkel | Stock- und Stückgare warm

TE: 1 Brot (1191 g) **GME:** 543 g **TA:** 196 23 × 11 cm

QUELLSTÜCK

90 g Sonnenblumenkerne
5 g Flohsamenschalen
65 g Wasser (kalt)

KOCHSTÜCK

90 g Dinkelkörner
180 g Wasser (kalt)

SAUERTEIG

60 g Anstellgut
60 g Wasser (30 °C)
60 g Dinkel-Vollkornmehl

HAUPTTEIG

Quellstück
Kochstück
Sauerteig
360 g Dinkelvollkornmehl
190 g Wasser (kalt) + 40 g (Bassinage, bei Bedarf)
9 g Honig
9 g Olivenöl
13 g Salz

AUSSERDEM

Sonnenblumenkerne zum Wälzen

QUELLSTÜCK

- Alle Zutaten in einer Schüssel vermischen und bis zur Verwendung in den Kühlschrank stellen. 1 Stunde vor dem Kneten herausnehmen und bei Raumtemperatur akklimatisieren lassen.

KOCHSTÜCK

- Körner und Wasser in einem Topf zugedeckt 1 Stunde köcheln lassen.
- Abgedeckt 1–2 Stunden quellen lassen und bis zur Verwendung max. 12 Stunden in den Kühlschrank stellen.

SAUERTEIG

- Das Anstellgut im Wasser auflösen. Dann das Mehl einrühren, bis keine Klümpchen mehr zu sehen sind.
- Den Sauerteig bei 28 °C 2–3 Stunden reifen lassen, bis er sich verdoppelt hat und aktiv ist.

HAUPTTEIG & STOCKGARE

- Alle Zutaten mit der Knetmaschine auf mittlerer Stufe 5–10 Minuten kneten, bis ein glatter Teig entsteht. Zuletzt bei Bedarf das zusätzliche Wasser teelöffelweise einkneten.
- Den Teig abgedeckt 10 Minuten in der Rührschüssel ruhen lassen.

FORMEN & STÜCKGARE

- Den Teig mit nassen Händen länglich formen und in den Sonnenblumenkernen wälzen. In die gebutterte und bemehlte Kastenform legen.
- Abgedeckt ca. 7 Stunden bei Raumtemperatur reifen lassen, bis der Teig den Rand der Form erreicht.

BACKEN

- Den Backofen auf 230 °C (Ober- und Unterhitze) vorheizen. Das Brot im Ofen 10 Minuten mit Dampf backen. Dann weitere 45 Minuten bei 200 °C backen, dabei den Dampf nach der Hälfte der Backzeit ablassen.

Alternativ kannst du den Sauerteig über Nacht (10–12 Stunden bei 23 °C) reifen lassen. Dann jedoch 9 g Anstellgut, 90 g Wasser (30 °C) und 90 g Dinkel-Vollkornmehl verwenden. So lässt sich das Brot gut in den Arbeitstag integrieren.

5

BROTE MIT GEMISCHTER FÜHRUNG

Die perfekte Kombination aus Hefe und Sauerteig

Diese Brote und Brötchen besitzen viel Geschmack durch den Einsatz von Sauerteig bzw. Lievito Madre und gelingen sicher dank einer kleinen Menge Hefe. Weiteres Plus: Im Teig lassen sich wunderbar Auffrischreste verwerten.

Timing
> Beispiel

VORTAG		BACKTAG			
19:00	20:00	8:00	11:15	12:15	12:45
Quell-/Kochstück vorbereiten	Quell-/Kochstück kühlen	Hauptteig kneten	Formen	Backen	Fertig

RUSTIKALES AUFFRISCHBROT

Hefe, Lievito Madre | Dinkel, Roggen | Stock- und Stückgare warm

TE: 1 Brot (720 g) **GME:** 380 g **TA:** 181 500 g

KOCHSTÜCK

75 g Wasser (kalt)
15 g Dinkelmehl 630

QUELLSTÜCK

15 g Altbrot
6 g Backmalz
25 g Wasser (kalt)

HAUPTTEIG

Kochstück
Quellstück
190 g Wasser (kalt)
235 g Dinkelmehl 630
40 g Dinkelvollkornmehl
45 g Roggenmehl 1150
65 g Lievito Madre (Auffrischreste aus dem Kühlschrank)
8 g Salz
2 g Hefe

KOCHSTÜCK

- Wasser und Mehl in einem Topf verrühren und bei mittlerer Hitze erwärmen, bis eine puddingartige Konsistenz entsteht. Dabei ständig rühren, damit es nicht anbrennt oder spritzt. Abgedeckt abkühlen lassen und bis zur Verwendung max. 12 Stunden in den Kühlschrank stellen.

QUELLSTÜCK

- Altbrot, Malz und Wasser in einer Schüssel vermischen und bis zur Verwendung in den Kühlschrank stellen. 1 Stunde vor dem Kneten herausnehmen und bei Raumtemperatur akklimatisieren lassen.

HAUPTTEIG & STOCKGARE

- Alle Zutaten mit der Knetmaschine auf niedriger Stufe 5 Minuten vermischen, dann 2 Minuten auf höherer Stufe kneten.
- Den Teig in eine geölten Teigwanne geben und ca. 3 Stunden bei Raumtemperatur ruhen lassen, bis er sich verdoppelt hat. Dabei nach 30 und 60 Minuten dehnen und falten.

FORMEN & STÜCKGARE

- Den Teig auf die gut bemehlte Arbeitsfläche stürzen und rund formen (Seite 146). Dabei darauf achten, dass Roggenmehl mit in den Schluss kommt. Das sorgt für die schöne, aufgerissene Optik.
- Den Teigling in den bemehlten Gärkorb legen und abgedeckt 1–1,5 Stunden bei Raumtemperatur reifen lassen, bis er sich knapp verdoppelt hat.

BACKEN

- Den Backofen auf 250 °C (Ober- und Unterhitze) vorheizen. Das Brot auf Backpapier stürzen und in den Ofen schieben.
- Die Temperatur auf 230 °C reduzieren und das Brot mit Dampf 15 Minuten backen. Den Dampf ablassen und das Brot in 15 Minuten fertig backen.

Statt 65 g Lievito Madre (TA 140) kannst du auch 85 g Sauerteig (TA 180) verwenden. Dafür dann im Hauptteig das Wasser von 190 g auf 170 g reduzieren.

Timing
> Beispiel

VORTAG					BACKTAG		
7:00	8:00	17:00	20:00	22:00	8:00	9:00	9:20
Kochstück vorbereiten	Kochstück kühlen	Sauerteig ansetzen	Hauptteig kneten	Teig kühlen	Formen	Backen	Fertig

DINKEL-SÜSSKARTOFFEL-BRÖTCHEN

Hefe, Sauerteig · Dinkel, Roggen · Stockgare kalt, Stückgare warm

TE: 16 Brötchen à 80 g (1280 g) **GME:** 770 g **TA:** 151

KOCHSTÜCK

90 g Wasser (kalt)
30 g Dinkel-Vollkornmehl

SAUERTEIG

45 g Anstellgut
36 g Wasser (30 °C)
45 g Dinkelmehl 630

HAUPTTEIG

Kochstück
Sauerteig
150 g Buttermilch
100 g Wasser (kalt)
475 g Dinkelmehl 630
130 g Dinkel-Vollkornmehl
65 g Champagnerroggen-Vollkornmehl (oder Roggen-Vollkornmehl)
210 g Süßkartoffeln, geschält, gedünstet und zerdrückt
1 g Hefe
20 g Öl
17 g Salz

KOCHSTÜCK

- Wasser und Mehl in einem Topf verrühren und bei mittlerer Hitze erwärmen, bis eine puddingartige Konsistenz entsteht. Dabei ständig rühren, damit es nicht anbrennt oder spritzt. Abgedeckt abkühlen lassen und bis zur Verwendung max. 12 Stunden in den Kühlschrank stellen.

SAUERTEIG

- Das Anstellgut im Wasser auflösen. Dann das Mehl einrühren, bis keine Klümpchen mehr zu sehen sind.
- Den Sauerteig bei 28 °C 2–3 Stunden reifen lassen, bis er sich verdoppelt hat und aktiv ist.

HAUPTTEIG & STOCKGARE

- Alle Zutaten bis auf Öl und Salz mit der Knetmaschine vermischen, bis ein geschmeidiger Teig entsteht.
- Öl und Salz zufügen und den Teig auskneten.
- Den Teig in eine geölte Teigwanne geben und 30 Minuten ruhen lassen. Danach ein bis zwei Coil Folds mit 30 Minuten Abstand machen.
- Den Teig insgesamt 2 Stunden ruhen lassen. Danach über Nacht in den Kühlschrank stellen.

FORMEN & STÜCKGARE

- Den Teig in 16 Stücke teilen und locker rund formen (Seite 146).
- Den Schluss in Roggenmehl dippen und die Teiglinge mit dem Schluss nach unten auf ein bemehltes Leinentuch legen.
- Bei Raumtemperatur 1 Stunde reifen lassen.

BACKEN

- Den Backofen auf 230 °C (Ober- und Unterhitze) vorheizen. Die Brötchen umdrehen und auf Backpapier setzen.
- Im Ofen 9 Minuten mit Dampf und 9 Minuten ohne Dampf backen.

> Statt 120 g Sauerteig (TA 180) kannst du auch 90 g Lievito Madre (TA 140) verwenden. Dann das Wasser im Hauptteig auf 130 g erhöhen. Der Teig gelingt auch mit normalen Kartoffeln oder lila Süßkartoffeln.

Timing
> Beispiel

VORTAG				BACKTAG		
8:00	18:30	19:00	20:00	8:00	9:00	9:20
Quellstück vorbereiten und kühlen	Fermentolyse	Hauptteig kneten	Teig kühlen	Formen	Backen	Fertig

SAATEN-VOLLKORNBRÖTCHEN

Hefe, Lievito Madre | Dinkel | Stockgare kalt, Stückgare warm

TE: 16 Brötchen à 100 g (1600 g) **GME:** 767 g **TA:** 191–194

QUELLSTÜCK

45 g Kürbiskerne

45 g Sonnenblumenkerne

20 g Leinsamen, geschrotet

4 g Flohsamenschalen

170 g Wasser (kalt)

FERMENTOLYSE

685 g Dinkel-Vollkornmehl

115 g Lievito Madre (aus dem Kühlschrank)

500 g Wasser (kalt)

HAUPTTEIG

Fermentolyse

15 g Honig

18 g Salz

4 g Hefe

22 g Öl

20 g Wasser (kalt, bei Bedarf)

Quellstück

AUSSERDEM

Saatenmischung zum Bestreuen

QUELLSTÜCK

- Alle Zutaten in einer Schüssel vermischen und bis zur Verwendung in den Kühlschrank stellen. 1 Stunde vor dem Kneten herausnehmen und bei Raumtemperatur akklimatisieren lassen.

FERMENTOLYSE

- Alle Zutaten vermischen und 30 Minuten bei Raumtemperatur ruhen lassen.

HAUPTTEIG & STOCKGARE

- Alle Zutaten bis auf das Quellstück mit der Knetmaschine auf niedriger Stufe 5 Minuten kneten. Dann 3 Minuten auf höherer Stufe auskneten, bis ein geschmeidiger Teig entsteht.
- Das Quellstück langsam unterkneten.
- Den Teig in eine geölte Teigwanne geben. Bei Raumtemperatur ca. 1 Stunde ruhen und anspringen lassen. Dabei nach 30 und 60 Minuten dehnen und falten.
- Danach den Teig über Nacht in den Kühlschrank stellen.

FORMEN & STÜCKGARE

- Die Arbeitsfläche mit der Saatenmischung bestreuen. Den Teig daraufstürzen und ebenfalls mit Flocken-Saaten-Mischung bestreuen.
- Den Teig in 16 Stücke teilen und auf Backpapier legen. Bei Raumtemperatur 30–60 Minuten reifen lassen.

BACKEN

- Den Backofen auf 250 °C (Ober- und Unterhitze) vorheizen. Die Brötchen im Ofen fallend auf 230 °C 9 Minuten mit Dampf und 9 Minuten ohne Dampf backen

» Tipp

Mit getrockneten Tomaten und Feta im Teig werden diese Brote garantiert zu deinen Sommer-Lieblingen.

Timing

› Beispiel

VORTAG							BACKTAG				
15:00	18:00	18:30	18:45	19:15	19:30	20:30 →	8:00	8:10	8:20	9:50	10:10
Sauerteig ansetzen	Autolyse	Hauptteig kneten	Coil Fold 1	Coil Fold 2	Coil Fold 3	Teig kühlen	Pre-Shape 1	Pre-Shape 2	Formen	Backen	Fertig

DINKEL-EINKORN-CIABATTA

Hefe, Sauerteig | Dinkel, Einkorn | Stockgare kalt, Stückgare warm

TE: 6 Ciabattas à 200 g (1200 g) **GME:** 660 g **TA:** 165–170

SAUERTEIG

45 g Anstellgut

35 g Wasser

45 g Dinkelmehl 630

AUTOLYSE

540 g Dinkelmehl 630

50 g Einkorn-Vollkornmehl (oder anderes Vollkornmehl)

375 g Wasser

HAUPTTEIG

Sauerteig

Autolyse

20 g Olivenöl

15 g Salz

2,5 g Hefe

bis zu 30 g Wasser (kalt, bei Bedarf)

SAUERTEIG

- Das Anstellgut im Wasser auflösen. Dann das Mehl einrühren, bis keine Klümpchen mehr zu sehen sind. Den Sauerteig bei 28 °C 2–3 Stunden reifen lassen, bis er sich verdoppelt hat und aktiv ist.

AUTOLYSE

- Beide Mehlsorten und Wasser vermischen und 30 Minuten bei Raumtemperatur quellen lassen.

HAUPTTEIG & STOCKGARE

- Alle Zutaten mit der Knetmaschine auf niedriger Stufe 5 Minuten kneten. Dann 5 Minuten auf höherer Stufe auskneten.
- Zuletzt bei Bedarf das zusätzliche Wasser teelöffelweise einkneten.
- Den Teig in eine geölte Teigwanne geben und ca. 2 Stunden bei Raumtemperatur ruhen und anspringen lassen. Dabei nach 15, 30 und 60 Minuten jeweils ein Coil Fold machen.
- Danach den Teig max. 12 Stunden in den Kühlschrank stellen.

PRE-SHAPE 1

- Den Teig auf die bemehlte Arbeitsfläche stürzen und in 2 Stücke teilen. Die Stücke rund wirken und auf der Arbeitsfläche 10 Minuten ruhen lassen.

PRE-SHAPE 2

- Ein Teigstück umdrehen. Ein Drittel des Teigs in die Mitte falten, dann die anderen Drittel zur Mitte falten. Mit dem zweiten Teigstück wiederholen. Dabei immer wieder bemehlen, damit der Teig nicht klebt. Dann nochmals 10 Minuten auf der Arbeitsfläche ruhen lassen.

FORMEN & STÜCKGARE

- Jedes Teigstück etwas in die Länge ziehen und jeweils 3 Stücke abstechen. Die Teiglinge auf Backpapier legen.
- Bei Raumtemperatur 1–1,5 Stunden reifen lassen.

BACKEN

- Den Backofen auf 250 °C (Ober- und Unterhitze) vorheizen. Die Brote im Ofen 10 Minuten mit Dampf anbacken. Die Temperatur dann auf 230 °C reduzieren und die Brote weitere 10 Minuten ohne Dampf backen.

Timing
> Beispiel

VORTAG			BACKTAG		
8:00	18:00	20:00	8:00	9:30	9:50
Quellstück vorbereiten und kühlen	Hauptteig kneten	Teig kühlen	Formen	Backen	Fertig

CHIA-KAROTTEN-BRÖTCHEN MIT SKYR

Hefe, Lievito Madre | Dinkel, Hafer | Stockgare kalt, Stückgare warm

TE: 8 Brötchen à 80 g (640 g) **GME:** 311 g **TA:** 167

QUELLSTÜCK

18 g Chiasamen
15 g zarte Haferflocken
110 g Wasser (kalt)

HAUPTTEIG

Quellstück
175 g Dinkelmehl 630
93 g Dinkel-Vollkornmehl
90 g Wasser (kalt)
60 g Skyr
40 g Lievito Madre
40 g Karotten, gerieben
6 g Dattelsüße (oder Honig)
7 g Öl
7 g Salz
0,4 g Hefe

AUSSERDEM

Haferflocken zum Arbeiten

QUELLSTÜCK

- Alle Zutaten in einer Schüssel vermischen und bis zur Verwendung in den Kühlschrank stellen. 1 Stunde vor dem Kneten herausnehmen und bei Raumtemperatur akklimatisieren lassen.

HAUPTTEIG & STOCKGARE

- Alle Zutaten mit der Knetmaschine auf niedriger Stufe 8–10 Minuten kneten.
- Den Teig abgedeckt 2 Stunden bei Raumtemperatur ruhen und anspringen lassen.
- Danach über Nacht in den Kühlschrank stellen.

FORMEN & STÜCKGARE

- Die Arbeitsfläche mit Haferflocken bestreuen und den Teig daraufstürzen.
- Den Teig zu einem Viereck ziehen und in 4 gleich große Vierecke teilen. Jedes Viereck diagonal in 2 Dreiecke teilen. Die Teiglinge auf Backpapier legen.
- Bei Raumtemperatur 1–1,5 Stunden reifen lassen.

BACKEN

- Den Backofen auf 250 °C (Ober- und Unterhitze) vorheizen. Die Brötchen im Ofen fallend auf 230 °C 9 Minuten mit Dampf und 9 Minuten ohne Dampf backen.

» Tipp

Sprossen selbst zu ziehen ist echt einfach. Hier findest du alle Informationen dazu:

Timing
› Beispiel

VORTAG							BACKTAG			
14:30	15:30	17:30	18:00	18:30	19:00	19:30	8:00	8:30	10:00	10:20
Kochstück vorbereiten, Sauerteig ansetzen	Kochstück kühlen	Fermentolyse	Teig kneten	Coil Fold 1	Coil Fold 2	Teig kühlen	Teig akklimatisieren lassen	Formen	Backen	Fertig

SPITZBRÖTCHEN MIT SPROSSEN

Hefe, Sauerteig | Dinkel, Roggen | Stockgare kalt, Stückgare warm

TE: 7 Brötchen à 95 g (665 g) **GME:** 350 g **TA:** 174

KOCHSTÜCK

75 g Wasser (kalt)
15 g Dinkelmehl 630

SAUERTEIG

25 g Anstellgut
20 g Wasser (kalt)
25 g Dinkelmehl 630

FERMENTOLYSE

Kochstück
Sauerteig
270 g Dinkelmehl 630
90 g Buttermilch (kalt)
30 g Wasser (kalt)

HAUPTTEIG

Fermentolyse
30 g Waldstaudenroggen-Vollkornmehl
7 g Honig
10 g Öl
8 g Salz
2 g Hefe
2 g Backmalz (inaktiv)
50 g Dinkelsprossen

KOCHSTÜCK

- Wasser und Mehl in einem Topf verrühren und bei mittlerer Hitze erwärmen, bis eine puddingartige Konsistenz entsteht. Dabei ständig rühren, damit es nicht anbrennt oder spritzt. Abgedeckt abkühlen lassen und bis zur Verwendung max. 12 Stunden in den Kühlschrank stellen.

SAUERTEIG

- Das Anstellgut im Wasser auflösen. Dann das Mehl einrühren, bis keine Klümpchen mehr zu sehen sind.
- Den Sauerteig bei 28 °C 3 Stunden reifen lassen, bis er sich verdoppelt hat und aktiv ist.

FERMENTOLYSE

- Alle Zutaten vermischen und 30 Minuten ruhen lassen.

HAUPTTEIG & STOCKGARE

- Alle Zutaten bis auf die Sprossen mit der Knetmaschine auf niedriger Stufe 5 Minuten kneten. Dann auf höherer Stufe 2 Minuten auskneten.
- Die Sprossen zugeben und auf niedriger Stufe weiterkneten, bis sie gut im Teig verteilt sind.
- Den Teig in eine geölte Teigwanne geben und ca. 1,5 Stunden bei Raumtemperatur ruhen und anspringen lassen. Dabei nach 30 und 60 Minuten ein Coil Fold machen.
- Danach den Teig über Nacht in den Kühlschrank stellen.

FORMEN & STÜCKGARE

- Den Teig 30 Minuten bei Raumtemperatur akklimatisieren lassen
- Danach auf die leicht bemehlte Arbeitsfläche stürzen und in 7 Stücke teilen. Die Stücke zu Spitzbrötchen formen (Seite 151) und auf Backpapier legen.
- Bei Raumtemperatur ca. 1,5 Stunden reifen lassen.

BACKEN

- Den Backofen auf 240 °C (Ober- und Unterhitze) vorheizen. Die Brötchen im Ofen fallend auf 220 °C 10 Minuten mit Dampf und 10 Minuten ohne Dampf backen.

» Tipp

Du kannst vom Teig auch 16 Brötchen abstechen. Diese abgedeckt 1,5 Stunden reifen lassen. Danach bei 230 °C 10 Minuten mit Dampf und 10 Minuten ohne Dampf backen.

Timing
> Beispiel

VORTAG		BACKTAG						
20:00	22:00	8:00	11:00	11:30	12:00	15:00	16:00–16:30	16:30–16:50
Vorteig, Koch-/ Quellstück vorbereiten	Vorteig, Koch-/ Quellstück kühlen	Sauerteig ansetzen	Hauptteig kneten	Coil Fold 1	Coil Fold 2	Formen	Backen	Fertig

KÜRBISKERNBROT

Hefe, Sauerteig · Dinkel, Emmer · Stock- und Stückgare warm

TE: 2 Brote à 650 g (1300 g) **GME:** 665 g **TA:** 168–172 500 g

POOLISH

65 g Emmermehl 812
65 g Wasser (kalt)
0,6 g Hefe

KOCHSTÜCK

30 g Dinkelmehl 630
150 g Wasser (kalt)

QUELLSTÜCK

65 g Kürbiskerne
65 g Wasser (kalt)

SAUERTEIG

45 g Anstellgut
35 g Wasser (30 °C)
45 g Dinkelmehl 630

HAUPTTEIG

Quellstück
Poolish
Kochstück
Sauerteig
370 g Dinkelmehl 630
145 g Emmer-Vollkornmehl
200 g Wasser (kalt) + 10 g (Bassinage, bei Bedarf)
4 g Backmalz (inaktiv)
13 g Kürbiskernöl
15 g Salz

POOLISH

- Alle Zutaten vermischen und 2 Stunden bei Raumtemperatur anspringen lassen. Dann 10–12 Stunden in den Kühlschrank stellen.

KOCHSTÜCK

- Wasser und Mehl in einem Topf verrühren und bei mittlerer Hitze erwärmen, bis eine puddingartige Konsistenz entsteht. Dabei ständig rühren, damit es nicht anbrennt oder spritzt. Abgedeckt abkühlen lassen und bis zur Verwendung max. 12 Stunden kühlen.

QUELLSTÜCK

- Kürbiskerne und Wasser in einer Schüssel vermischen und bis zur Verwendung in den Kühlschrank stellen. 1 Stunde vor dem Kneten herausnehmen und bei Raumtemperatur akklimatisieren lassen.

SAUERTEIG

- Das Anstellgut im Wasser auflösen. Dann das Mehl einrühren, bis keine Klümpchen mehr zu sehen sind. Den Sauerteig bei 28 °C 3 Stunden reifen lassen, bis er sich verdoppelt hat und aktiv ist.

HAUPTTEIG & STOCKGARE

- Das Quellstück in ein Sieb abgießen und die Kerne abtropfen lassen.
- Alle Zutaten bis auf die Kürbiskerne mit der Knetmaschine auf niedriger Stufe 5 Minuten kneten. Dann 1 Minute auf höherer Stufe auskneten, bis ein geschmeidiger Teig entsteht.
- Zuletzt bei Bedarf das zusätzliche Wasser teelöffelweise einkneten. Die Kürbiskerne 1–2 Minuten auf niedrigster Stufe einkneten.
- Den Teig in eine geölte Teigwanne geben und 3–4 Stunden bei Raumtemperatur ruhen lassen, bis er sich verdoppelt hat. Dabei nach 30 und 60 Minuten ein Coil Fold machen.

FORMEN & STÜCKGARE

- Den Teig auf die leicht bemehlte Arbeitsfläche stürzen und in 2 Stücke teilen. Die Stücke rund oder länglich formen (Seite 146).
- Die Teiglinge mit dem Schluss nach oben in bemehlte Gärkörbe legen und abgedeckt 1 Stunde bei Raumtemperatur reifen lassen.

BACKEN

- Den Backofen auf 250 °C (Ober- und Unterhitze) vorheizen. Die Brote auf Backpapier stürzen und in den Ofen schieben. Die Temperatur auf 230 °C reduzieren und die Brote 13 Minuten mit Dampf und 13–15 Minuten ohne Dampf backen.

» Tipp

Sind die beiden Sauerteige aktiv genug, kannst du dieses Brot ganz ohne kommerzielle Hefe backen.

Timing
> Beispiel

VORTAG		BACKTAG			
20:00	21:00	8:00	8:15	11:30	12:25
Quellstück vorbereiten, Sauerteige ansetzen	Quellstück kühlen	Hauptteig kneten	Formen	Backen	Fertig

KAISER-FRANZ-BROT

Hefe, Sauerteig | Dinkel, Roggen | Stock- und Stückgare warm

TE: 1 Brot (1190 g) **GME:** 645 g **TA:** 175 23 × 11 cm

QUELLSTÜCK

65 g Dinkelflocken (oder Haferflocken)

6 g Flohsamenschalen

130 g Wasser

DINKELSAUERTEIG

9 g Anstellgut

95 g Wasser (30 °C)

95 g Dinkel-Vollkornmehl

ROGGENSAUERTEIG

3 g Anstellgut

35 g Wasser (30 °C)

35 g Roggenschrot (oder Roggen-Vollkornmehl)

HAUPTTEIG

Quellstück

Dinkelsauerteig

Roggensauerteig

450 g Dinkelmehl 630

225 g Wasser

10 g Kartoffelflocken

13 g Salz

2 g Hefe

12 g Gerstenmalzextrakt (oder bis max. 30 g für mehr Süße)

3 g Gerstenmalzmehl (inaktiv)

3 g Brotgewürz (oder bis max. 12 g für mehr Würze)

AUSSERDEM

Haferflocken zum Wälzen

QUELLSTÜCK

- Alle Zutaten in einer Schüssel vermischen und bis zur Verwendung in den Kühlschrank stellen. 1 Stunde vor dem Kneten herausnehmen und bei Raumtemperatur akklimatisieren lassen.

DINKELSAUERTEIG & ROGGENSAUERTEIG

- Jeweils das Anstellgut im Wasser auflösen. Dann das Mehl einrühren, bis keine Klümpchen mehr zu sehen sind.
- Den Sauerteig bei Raumtemperatur 10–12 Stunden reifen lassen, bis er sich verdoppelt hat und aktiv ist.

HAUPTTEIG & KESSELGARE

- Alle Zutaten mit der Knetmaschine auf niedriger Stufe 5 Minuten kneten. Dann 2 Minuten auf höherer Stufe auskneten.
- Den Teig abgedeckt in der Schüssel 10–15 Minuten entspannen lassen.

FORMEN & STÜCKGARE

- Den Teig mit nassen Händen länglich formen und in den Haferflocken wälzen. In die gebutterte und bemehlte Kastenform legen.
- Abgedeckt ca. 3 Stunden bei Raumtemperatur reifen lassen, bis der Teig den Rand der Form erreicht.

BACKEN

- Den Backofen auf 230 °C (Ober- und Unterhitze) vorheizen. Das Brot im Ofen fallend auf 200 °C 30 Minuten mit Dampf und 20–25 Minuten ohne Dampf backen (Kerntemperatur 97 °C).

6

BESONDERE GEBÄCKE

Von herzhaft bis süß

Manchmal muss es eben etwas Besonderes sein. In solchen Momenten wirst du hier fündig. Probiere herzhafte Brote und Brötchen wie Baguette und Bierstangen oder süße Klassiker wie Croissants, Osterzopf und Stollen.

Timing
> Beispiel

VORTAG		BACKTAG						
19:00	21:00	9:00	9:20	9:40	11:00	11:30	12:00	12:45
Vorteig und Kochstück vorbereiten	Vorteig und Kochstück kühlen, Sauerteig ansetzen	Hauptteig kneten	Coil Fold 1	Coil Fold 2	Pre-Shape	Formen	Backen	Fertig

BAGUETTE

Hefe, Sauerteig | Dinkel | Stock- und Stückgare warm

TE: 4 Baguettes à 330 g (1355 g) **GME:** 785 g **TA:** 168

POOLISH

225 g Dinkelmehl 630
225 g Wasser (23 °C)
2 g Hefe

KOCHSTÜCK

100 g Wasser (kalt)
25 g Dinkelmehl 630

SAUERTEIG

11 g Anstellgut
110 g Wasser (30 °C)
110 g Dinkelmehl 1050

HAUPTTEIG

Poolish
Kochstück
Sauerteig
425 g Dinkelmehl 630
100 g Wasser (kalt)
4,5 g Hefe
18 g Salz

POOLISH

- Alle Zutaten vermischen und 2 Stunden bei Raumtemperatur anspringen lassen. Dann 10–12 Stunden in den Kühlschrank stellen.

KOCHSTÜCK

- Wasser und Mehl in einem Topf verrühren und bei mittlerer Hitze erwärmen, bis eine puddingartige Konsistenz entsteht. Dabei ständig rühren, damit es nicht anbrennt oder spritzt. Abgedeckt abkühlen lassen und bis zur Verwendung max. 12 Stunden in den Kühlschrank stellen.

SAUERTEIG

- Das Anstellgut im Wasser auflösen. Dann das Mehl einrühren, bis keine Klümpchen mehr zu sehen sind. Den Sauerteig bei 23 °C 12–14 Stunden reifen lassen, bis er sich verdoppelt hat und aktiv ist.

HAUPTTEIG & STOCKGARE

- Alle Zutaten mit der Knetmaschine vermischen. Dann ca. 5 Minuten auf niedriger Stufe auskneten.
- Den Teig in eine geölte Teigwanne geben und 2 Stunden bei 23 °C ruhen lassen. (Ist der Teig nicht stabil genug, dabei nach 20 und 40 Minuten ein Coil Fold machen.)

PRE-SHAPE, FORMEN & STÜCKGARE

- Den Teig in 4 Stücke teilen und zu Zylindern formen (Seite 148). Diese auf einem bemehlten Leinentuch bei 23 °C 30 Minuten reifen lassen.
- Danach Baguettes formen (Seite 148) und auf Backpapier legen.
- Bei 23 °C 30–45 Minuten zur Gare stellen. (In viele Haushaltsbacköfen passen nur 2 Baguettes gleichzeitig, deshalb die übrigen 2 Baguettes nach 30 Minuten kühlen.)

BACKEN

- Den Backofen auf 240 °C (Ober- und Unterhitze) vorheizen. 2 Baguettes einschneiden und im Ofen mit Dampf 10 Minuten backen. Den Dampf ablassen und die Brote in weiteren 12 Minuten fertig backen. Mit den übrigen Baguettes wiederholen.

Mit der „Haback“-Methode (Halbbackmethode) kannst du Baguettes auf Vorrat backen. Dabei bäckt man sie nur die Hälfte der angegebenen Backzeit, lässt sie abkühlen und friert sie ein. Bei Bedarf werden sie dann im heißen Ofen fertig gebacken.

» Tipp

Musst du früher backen, schneide das Brot in der Mitte ein. So reißt es hier auf und nicht unkontrolliert an der Seite.

Timing
> Beispiel

VORTAG		BACKTAG			
20:00	21:00	8:00	10:30	13:00	13:45
Kochstück vorbereiten	Kochstück kühlen	Hauptteig kneten	Formen	Backen	Fertig

HALB-VOLLKORN-TOAST

Hefe, Lievito Madre | Dinkel 630, Dinkel-Vollkorn | Stock- und Stückgare warm

TE: 1 Brot (935–960 g) **GME:** 545 g **TA:** 152–156 23 × 11 cm

KOCHSTÜCK

135 g Wasser (kalt)

25 g Dinkelmehl 630

HAUPTTEIG

Kochstück

170 g Lievito Madre (oder Auffrischreste aus dem Kühlschrank)

270 g Dinkel-Vollkornmehl

130 g Dinkelmehl 630

100 g Milch (oder Pflanzendrink)

35 g Vollrohrzucker

55 g Öl

11 g Salz

5 g Hefe

25 g Wasser (kalt, bei Bedarf)

AUSSERDEM

Milch (oder Pflanzendrink) zum Bestreichen

KOCHSTÜCK

- Wasser und Mehl in einem Topf verrühren und bei mittlerer Hitze erwärmen, bis eine puddingartige Konsistenz entsteht. Dabei ständig rühren, damit es nicht anbrennt oder spritzt. Abgedeckt abkühlen lassen und bis zur Verwendung max. 12 Stunden in den Kühlschrank stellen.

HAUPTTEIG & STOCKGARE

- Alle Zutaten mit der Knetmaschine auf niedriger Stufe 8–10 Minuten kneten. Dann 3–5 Minuten auf höherer Stufe auskneten.
- Den Teig abgedeckt 2–3 Stunden bei Raumtemperatur ruhen lassen, bis er sich verdoppelt hat.

FORMEN & STÜCKGARE

- Den Teig in 3 Stücke teilen und formen (Seite 147). Dann in die gebutterte und bemehlte Kastenform legen.
- Abgedeckt 2–3 Stunden bei Raumtemperatur reifen lassen, bis der Teig sich verdoppelt hat und die Form ganz ausfüllt.

BACKEN

- Den Backofen auf 200 °C (Ober- und Unterhitze) vorheizen. Das Brot mit Milch bestreichen und im Ofen 45 Minuten mit Dampf backen. Bei Bedarf die Temperatur auf 180 °C reduzieren und das Brot abdecken.
- Das Brot sofort aus der Form lösen und noch heiß nochmals mit Milch bestreichen, damit es schön glänzt.

Timing
> Beispiel

VORTAG	BACKTAG					
21:00	8:00	9:15	10:00	10:30	12:30	13:10
Sauerteig ansetzen	Autolyse	Hauptteig kneten	Coil Fold 1	Coil Fold 2	Formen und backen	Fertig

GENETZTES

Sauerteig | Dinkel, Roggen | Stock- und Stückgare warm

TE: 1 Brot (750 g) **GME:** 410 g **TA:** 173–178

SAUERTEIG

8 g Anstellgut
80 g Wasser (30 °C)
80 g Roggenmehl 1150

AUTOLYSE

330 g Dinkelmehl 1050
2 g Flohsamenschalen
220 g Wasser (kalt)

HAUPTTEIG

Sauerteig
Autolyse
0,8 g Hefe
20 g Wasser (kalt, bei Bedarf)
10 g Salz

SAUERTEIG

- Das Anstellgut im Wasser auflösen. Dann das Mehl einrühren, bis keine Klümpchen mehr zu sehen sind.
- Den Sauerteig bei 23 °C 12–14 Stunden reifen lassen, bis er sich verdoppelt hat und aktiv ist.

AUTOLYSE

- Mehl, Flohsamenschalen und Wasser verrühren. Zuerst 1 Stunde bei Raumtemperatur, dann 15 Minuten im Kühlschrank quellen lassen.

HAUPTTEIG & STOCKGARE

- Alle Zutaten bis auf das Salz mit der Knetmaschine auf niedriger Stufe 5 Minuten kneten.
- Das Salz zugeben und 3–5 Minuten auf höherer Stufe weiterkneten, bis sich der Teig vom Schlüsselrand löst.
- Den Teig in eine geölte Teigwanne geben und 2,5–3 Stunden bei Raumtemperatur ruhen lassen, bis er sich verdoppelt hat. Dabei ein bis zwei Coil Folds mit 30 Minuten Abstand machen.

FORMEN & STÜCKGARE

- Den Teig auf die mit Wasser befeuchtete Arbeitsfläche stürzen und mit nassen Händen rund wirken (Seite 146). Dabei schonend bearbeiten.
- Den Teigling auf Backpapier legen.

BACKEN

- Den Backofen auf 250 °C (Ober- und Unterhitze) vorheizen. Das Brot im Ofen 15 Minuten mit Dampf backen. Den Dampf ablassen und das Brot bei 220 °C in 15–20 Minuten fertig backen.
- Das Brot sofort nach dem Backen mit Wasser bestreichen oder besprühen, damit es schön glänzt.

Damit das Brot eine glatte Oberfläche bekommt, muss sich der Teig in der Stockgare verdoppeln. Beim Formen sollen so wenig Gärgase wie möglich zerstört werden. Achte also darauf, dass du den Teig nur in Form bringst ohne Spannung an der Oberfläche aufzubauen. Hast du etwas Spannung ausgeübt, lasse den geformten Teigling vor dem Backen lieber noch 15 Minuten ruhen.

Timing
> Beispiel

VORTAG		BACKTAG				
18:00	19:00	16:00	16:30	18:30	18:45	19:05
Vorteig vorbereiten	Vorteig kühlen	Teig kneten	Teiglinge in die Wanne legen	Formen und belegen	Backen	Fertig

PIZZA

Hefe | Dinkel, Einkorn | Stock- und Stückgare warm

TE: 4 Pizzen à 250 g (1 000 g) **GME:** 600 g **TA:** 160–165

BIGA

6 g Hefe

300 g Wasser (23 °C)

540 g Dinkelmehl (Tipo 00 oder 630)

60 g Einkorn-Vollkornmehl (oder Dinkel-Vollkornmehl)

HAUPTTEIG

Biga

60 g Wasser (kalt) + 30 g (Bassinage, bei Bedarf)

15 g Salz

1 g Hefe

15 g Olivenöl

BELAG

Tomatensugo (siehe Kasten)

geriebener Mozzarella zum Bestreuen

weitere Beläge nach Belieben (z. B. grüner Spargel, Frühlingszwiebeln, Parmaschinken)

AUSSERDEM

Dinkelgrieß zum Arbeiten

BIGA

- Die Hefe im Wasser auflösen. Beide Mehlsorten zugeben und klümpchenfrei verrühren.
- Bei Raumtemperatur 1–2 Stunden anspringen lassen. Dann 12–24 Stunden im Kühlschrank reifen lassen.

HAUPTTEIG & STOCKGARE

- Biga und Wasser mit der Knetmaschine auf niedriger Stufe 8–10 Minuten kneten.
- Salz und Hefe zugeben und 2 Minuten auf niedriger Stufe weiterkneten. Das Öl zufügen und den Teig 3–5 Minuten auf höhere Stufe auskneten.
- Zuletzt bei Bedarf das zusätzliche Wasser teelöffelweise einkneten.
- Den Teig 10–15 Minuten entspannen lassen.

STÜCKGARE

- Den Teig in 4 Stücke teilen, rund formen (Seite 146) und in eine leicht geölte Teigwanne legen.
- Bei Raumtemperatur 1–2 Stunden reifen lassen, bis sich die Kugeln deutlich vergrößert haben. Dabei darf die Oberfläche nicht ausreißen.

FORMEN & BELAG

- Den Teig auf Dinkelgrieß zu runden Fladen formen. Dabei von der Mitte nach außen drücken.
- Die Fladen mit Tomatensugo bestreichen und mit Mozzarella bestreuen. Nach Belieben weitere Beläge darauf verteilen.

BACKEN

- Den Backofen auf 280 °C (Ober- und Unterhitze) oder auf die höchstmögliche Temperatur vorheizen. Die Pizzen nacheinander im Ofen jeweils 5 Minuten ohne Dampf oder nach Sicht backen.

Tomatensugo für Pizza

Dafür 1 Dose geschälte Tomaten (400 g) mit den Händen zerdrücken oder pürieren. Mit 1 TL Salz, 1 EL Olivenöl und frischen Kräutern verrühren. Kurz ziehen lassen.

Timing
> Beispiel

VORTAG		BACKTAG			
8:00	18:00	18:00	19:00	19:15	19:25
Vorteig vorbereiten	Hauptteig kneten	Pre-Shape	Formen und belegen	Backen	Fertig

COCA CATALANA

Hefe | Dinkel, Emmer | Stockgare kalt, Stückgare warm

TE: 2 Cocas à 350 g (700 g) **GME:** 425 g **TA:** 163

POOLISH

170 g Dinkelmehl 630
170 g Wasser (23 °C)
1,5 g Hefe

HAUPTTEIG

Poolish
200 g Dinkelmehl 630
55 g Emmer-Vollkornmehl
100 g Wasser (kalt)
8 g Salz
3 g Olivenöl

BELAG

Olivenöl zum Beträufeln
Escalivada (spanisches Röstgemüse)
Zucker zum Bestreuen
Anisschnaps zum Beträufeln

POOLISH

- Alle Zutaten vermischen und 1 Stunde bei Raumtemperatur anspringen lassen. Dann 10–12 Stunden in den Kühlschrank stellen.

HAUPTTEIG & STOCKGARE

- Alle Zutaten bis auf Salz und Öl mit der Knetmaschine auf niedriger Stufe 8–10 Minuten kneten.
- Das Salz zugeben und weitere 2 Minuten auf niedriger Stufe kneten. Das Öl zufügen und 3–5 Minuten auf höherer Stufe auskneten.
- Den Teig in eine geölte Teigwanne legen und im Kühlschrank ca. 24 Stunden ruhen und verdoppeln lassen.

PRE-SHAPE

- Den Teig in 2 Stücke teilen, rund formen und zurück in die Teigwanne legen.
- Bei Raumtemperatur 1 Stunde reifen lassen.

FORMEN & BELAG

- Den Teig vorsichtig zu sehr flachen Rechtecken (ca. 40 × 15 cm) lang ziehen.
- Die Rechtecke mit etwas Olivenöl beträufeln. Das Öl vorsichtig mit den Fingern verteilen und mit den Fingerkuppen leicht in den Teig drücken.
- Für eine herzhafte Coca den Teig mit Escalivada belegen. Für eine süße Coca den Teig mit Zucker bestreuen.

BACKEN

- Den Backofen auf 280 °C (Ober- und Unterhitze) oder auf die höchstmögliche Temperatur vorheizen. Die Cocas nacheinander im Ofen jeweils 5 Minuten ohne Dampf oder nach Sicht backen.
- Die süße Coca sofort nach dem Backen mit Anisschnaps beträufeln.

Mal herzhaft, mal süß

Die herzhafte „Coca de recapte" ist belegt mit der typisch katalanischen Escalivada (im Ofen geröstete Paprika und Aubergine sowie eingelegte Sardinen). Die süße „Coca de forner" dagegen wird mit reichlich Zucker bestreut, der im Ofen karamellisiert. Sofort nach dem Backen wird sie dann mit Anisschnaps beträufelt und als Dessert oder zum Kaffee serviert.

Timing
> Beispiel

BACKTAG

17:30	18:00	18:15	18:45
Hauptteig kneten	Formen und belegen	Backen	Fertig

GRÜNKERN-FLAMMKUCHEN

– Dinkel, Grünkern One Day Bake

TE: 4 Flammkuchen à 180 g (720 g) **GME:** 435 g **TA:** 149

HAUPTTEIG

300 g Dinkelmehl 630

100 g Grünkernmehl

50 g Lievito Madre (Auffrischreste aus dem Kühlschrank)

200 g Wasser (lauwarm)

60 g Olivenöl

9 g Salz

BELAG

200 g Schmand

Muskatnuss, frisch gerieben

Salz, Pfeffer

2 Zwiebeln, in Scheiben geschnitten

250 g Räucherspeckwürfel

HAUPTTEIG

- Alle Zutaten mit der Knetmaschine auf mittlerer Stufe 5–10 Minuten verkneten, bis ein glatter Teig entsteht.
- Den Teig 30 Minuten bei Raumtemperatur ruhen lassen.

FORMEN & BELAG

- Den Teig in 4 Stücke teilen. Jedes Stück zuerst rund schleifen, dann auf Roggenmehl 1–2 mm dick ausrollen. Die Fladen auf Backpapier legen.
- Den Schmand mit Muskatnuss, Salz und Pfeffer würzen. Die Fladen mit der Creme bestreichen und mit Zwiebeln und Speck belegen.

BACKEN

- Den Backofen auf 280 °C (Ober- und Unterhitze) oder auf die höchstmögliche Temperatur vorheizen. Die Flammkuchen nacheinander im Ofen jeweils 5–8 Minuten ohne Dampf oder nach Sicht backen.

Tipp

Statt Lievito Madre kannst du 65 g Sauerteig (TA 180) verwenden. Dann nur 185 g Wasser zum Hauptteig geben. Den Belag der Fladen kannst du nach Belieben abwandeln.

»Tipp

Als Sandwich schmeckt die Focaccia besonders lecker. Dafür einfach halbieren, belegen und toasten.

Timing
> Beispiel

VORTAG				BACKTAG		
14:30	17:30	18:00	21:00	8:00	11:00	11:30
Sauerteig ansetzen	Fermentolyse	Hauptteig kneten	Teig kühlen	Teig in die Backform legen	Belegen und backen	Fertig

SAUERTEIG-FOCACCIA

Sauerteig | Dinkel | Stockgare kalt, Stückgare warm

TE: 1 Brot (580 g) | **GME:** 330 g | **TA:** 168–172 | 20 × 20 cm

SAUERTEIG

20 g Anstellgut
18 g Wasser
20 g Dinkelmehl 630

FERMENTOLYSE

Sauerteig
270 g Dinkelmehl 630
30 g Dinkel-Vollkornmehl
180 g Wasser

HAUPTTEIG

Fermentolyse
6 g Salz
15 g Olivenöl
15 g Wasser + 15 g (Bassinage, bei Bedarf)

BELAG

Olivenöl zum Beträufeln
grobes Salz zum Bestreuen
Rosmarin zum Bestreuen (nach Belieben)

SAUERTEIG

- Das Anstellgut im Wasser auflösen. Dann das Mehl einrühren, bis keine Klümpchen mehr zu sehen sind. Den Sauerteig bei 28 °C 2–3 Stunden reifen lassen, bis der sich verdoppelt hat und aktiv ist.

FERMENTOLYSE

- Alle Zutaten mit der Knetmaschine auf niedriger Stufe 1–2 Minuten vermischen, bis keine Mehlnester mehr zu sehen sind. Abgedeckt 30 Minuten ruhen lassen.

HAUPTTEIG & STOCKGARE

- Die Fermentolyse auf mittlerer Stufe 3–5 Minuten kneten, bis der Teig den Fenstertest besteht (Seite 41).
- Salz und Öl zugeben und 3–5 Minuten weiterkneten, bis der Teig erneut den Fenstertest besteht.
- Das Wasser teelöffelweise einkneten. Zuletzt bei Bedarf das zusätzliche Wasser teelöffelweise zufügen und den Teig auskneten.
- Den Teig in eine geölte Teigwanne geben und 3 Stunden bei Raumtemperatur anspringen lassen. Dabei nach 30 und 60 Minuten dehnen und falten.
- Danach den Teig über Nacht in den Kühlschrank stellen.

FORMEN & STÜCKGARE

- Den Teig falten und in die gebutterte und bemehlte Backform legen.
- Abgedeckt 3 Stunden bei Raumtemperatur reifen lassen, bis der Teig gut aufgegangen ist.

BELAG

- Den Teig mit etwas Olivenöl beträufeln. Das Öl vorsichtig mit den Fingern verteilen und mit den Fingerkuppen leicht in den Teig drücken. Mit grobem Salz und nach Belieben mit Rosmarin bestreuen.

BACKEN

- Den Backofen auf 230 °C (Ober- und Unterhitze) vorheizen. Die Focaccia im Ofen ohne Schwaden 30 Minuten backen.

»Tipp

Zum Belaugen muss die Oberfläche der Teiglinge trocken sein (im Fachjargon: verhautet). So dringt die Lauge nicht ins Innere.

Timing

> Beispiel

VORTAG						BACKTAG			
7:00	9:00	19:00	19:30	19:40	19:50	8:00	8:15	8:30	8:45
Kochstück und Vorteig vorbereiten	Kochstück und Vorteig kühlen	Hauptteig vorbereiten	Zylinder formen	Formen	Brezeln kühlen	Belaugen 1	Backen 1 und Belaugen 2	Backen 2	Fertig

BREZELN

Hefe Dinkel Stockgare warm, Stückgare kalt

TE: 8 Brezeln à 100 g (800 g) **GME:** 500 g **TA:** 150

KOCHSTÜCK

75 g Wasser (kalt)
15 g Dinkelmehl 630

POOLISH

150 g Dinkelmehl 630
150 g Wasser (23 °C)
1,5 g Hefe

HAUPTTEIG

Kochstück
Poolish
335 g Dinkelmehl 630
25 g Wasser (kalt)
15 g Schmalz (oder Butter, vegane Butter)
10 g Zucker
10 g Salz
3 g Hefe

LAUGE

20 g Laugenperlen (NaOH-Perlen)
500 g Wasser

AUSSERDEM

grobes Salz zum Bestreuen (nach Belieben)

KOCHSTÜCK

- Wasser und Mehl in einem Topf verrühren und bei mittlerer Hitze erwärmen, bis eine puddingartige Konsistenz entsteht. Dabei ständig rühren, damit es nicht anbrennt oder spritzt. Abgedeckt abkühlen lassen und bis zur Verwendung max. 12 Stunden in den Kühlschrank stellen.

POOLISH

- Alle Zutaten vermischen und 2 Stunden bei Raumtemperatur anspringen lassen. Dann 10–12 Stunden in den Kühlschrank stellen.

HAUPTTEIG & STOCKGARE

- Alle Zutaten mit der Knetmaschine auf niedriger Stufe 2 Minuten kneten. Den Teig dann 8 Minuten auf höherer Stufe auskneten, bis er sich stark anfühlt und beim Aufziehen nicht mehr reißt.
- Den Teig bei Raumtemperatur 30 Minuten ruhen lassen.

FORMEN & STÜCKGARE

- Den Teig in 8 Stücke teilen und zu Zylindern formen. Diese abgedeckt 10 Minuten entspannen lassen.
- Die Zylinder zu 50–60 cm langen Strängen rollen und zu Brezeln schlingen (Seite 151).
- Mit den Enden nach unten auf Backpapier legen. Abgedeckt 10–12 Stunden im Kühlschrank reifen lassen.

BELAUGEN

- Die Laugenperlen langsam in das Wasser rieseln lassen. Dabei gut rühren, bis sich alle Perlen aufgelöst haben. (Seite 152).
- Nacheinander 4 Brezeln jeweils 3–4 Sekunden in die Lauge tauchen und mit den Enden nach oben auf Backpapier legen.
- Nach Belieben mit grobem Salz bestreuen und den Bauch einschneiden.

BACKEN

- Den Backofen auf 220 °C (Ober- und Unterhitze) vorheizen. Die 4 Brezeln im Ofen ohne Schwaden 15–18 Minuten backen.
- Sofort nach dem Backen mit Wasser besprühen, damit sie schön glänzen
- Die übrigen 4 Brezeln ebenso belaugen und backen.

Ist im Winter nicht genug Platz im Kühlschrank, stelle ich die Brezeln abgedeckt auf den Balkon. 30 Minuten vor dem Belaugen decke ich sie auf, damit die Oberfläche abtrocknet.

Timing
> Beispiel

VORTAG		BACKTAG			
19:00	21:00	8:00	10:00	11:30	11:50
Vorteig und Kochstück vorbereiten	Vorteig und Kochstück kühlen	Hauptteig kneten	Formen	Backen	Fertig

SALZSTANGEN

Hefe | Dinkel, Roggen | Stock- und Stückgare warm

TE: 6 Stangen à 90 g (540 g) **GME:** 330 g **TA:** 160

POOLISH

65 g Dinkelmehl 630
65 g Wasser (23 °C)
0,6 g Hefe

KOCHSTÜCK

75 g Wasser
15 g Dinkelmehl 630

HAUPTTEIG

Poolish
Kochstück
230 g Dinkelmehl 630
20 g Roggenmehl 1150
50 g Wasser
6 g Butter
7 g Salz
1,6 g Hefe

AUSSERDEM

grobes Salz zum Bestreuen

POOLISH

- Alle Zutaten vermischen und 2 Stunden bei Raumtemperatur anspringen lassen. Dann 10–12 Stunden in den Kühlschrank stellen.

KOCHSTÜCK

- Wasser und Mehl in einem Topf verrühren und bei mittlerer Hitze erwärmen, bis eine puddingartige Konsistenz entsteht. Dabei ständig rühren, damit es nicht anbrennt oder spritzt. Abgedeckt abkühlen lassen und bis zur Verwendung max. 12 Stunden in den Kühlschrank stellen.

HAUPTTEIG

- Alle Zutaten mit der Teigmaschine auf mittlerer Stufe 5–10 Minuten verkneten, bis ein glatter Teig entsteht.
- Den Teig dann 2 Stunden bei Raumtemperatur gehen lassen, bis er sich verdoppelt hat.

FORMEN & STÜCKGARE

- Den Teig in 6 Stücke teilen. Die Stücke mit einem Nudelholz auf der bemehlten Arbeitsfläche oval ausrollen und zu Stangen formen (Seite 149).
- Die Stangen auf Backpapier legen. Mit einem Leinentuch abdecken und 1–1,5 Stunden bei Raumtemperatur verdoppeln lassen (minimale Untergare oder Vollgare).
- Anschließend mit etwas Wasser besprühen, mit grobem Salz bestreuen und zweimal einschneiden.

BACKEN

- Den Backofen auf 230 °C (Ober- und Unterhitze) vorheizen. Die Stangen im Ofen 20 Minuten mit Dampf backen.
- Die Stangen sofort nach dem Backen nochmals mit Wasser besprühen, damit sie schön glänzen.

»Tipp

Für Röstzwiebeln 1 Zwiebel in Halbringe schneiden und in 3 EL Mehl wenden. Abklopfen und in heißem Öl frittieren.

Timing › Beispiel

VORTAG

7:00 Quell-/Kochstück vorbereiten · 8:00 Quell-/Kochstück kühlen · 17:00 Hauptteig kneten · 19:00 Teig kühlen →

BACKTAG

8:00 Formen · 9:30 Backen · 9:50 Fertig

BIERSTANGEN

Hefe, Sauerteig | Dinkel, Roggen | Stockgare kalt, Stückgare warm

TE: 6 Stangen à 90 g (540 g) **GME:** 290 g **TA:** 167

QUELLSTÜCK

15 g Sonnenblumenkerne
10 g Sesam
25 g Wasser

KOCHSTÜCK

50 g Wasser
10 g Dinkelmehl 630

HAUPTTEIG

Quellstück
Kochstück
190 g Dinkelmehl 630
60 g Roggenmehl 1150
55 g Sauerteig (Auffrischreste aus dem Kühlschrank)
95 g Malzbier
20 g Röstzwiebeln
5 g Butter
5 g Salz
1,4 g Hefe

AUSSERDEM

geriebener Käse (z. B. Gouda, Emmentaler) zum Bestreuen

QUELLSTÜCK

- Alle Zutaten in einer Schüssel vermischen und bis zur Verwendung in den Kühlschrank stellen. 1 Stunde vor dem Kneten herausnehmen und bei Raumtemperatur akklimatisieren lassen.

KOCHSTÜCK

- Wasser und Mehl in einem Topf verrühren und bei mittlerer Hitze erwärmen, bis eine puddingartige Konsistenz entsteht. Dabei ständig rühren, damit es nicht anbrennt oder spritzt. Abgedeckt abkühlen lassen und bis zur Verwendung max. 12 Stunden in den Kühlschrank stellen.

HAUPTTEIG

- Alle Zutaten mit der Knetmaschine bei mittlerer Stufe 5–10 Minuten kneten, bis ein glatter Teig entsteht.
- Bei Raumtemperatur 2 Stunden ruhen und anspringen lassen. Den Teig dann über Nacht in den Kühlschrank stellen.

FORMEN & STÜCKGARE

- Den Teig in 6 Stücke teilen. Die Stücke zu länglichen Rechtecken formen, zusammenklappen und auf der bemehlten Arbeitsfläche zu Stangen rollen.
- Die Stangen auf Backpapier legen und mit Käse bestreuen.
- Mit einem Leinentuch abdecken und 1–1,5 Stunden bei Raumtemperatur verdoppeln lassen (Vollgare).

BACKEN

- Den Backofen auf 230 °C (Ober- und Unterhitze) vorheizen. Die Stangen im Ofen 20 Minuten mit Dampf backen.

Timing
> Beispiel

BACKTAG

8:00	11:00	11:10	11:30	11:45	11:55
Hauptteig kneten	Ballengare	Formen	Sud zubereiten und kochen	Backen	Fertig

BAGELS

Hefe, Lievito Madre | Dinkel | One Day Bake

TE: 8 Bagels à 96 g (770 g) **GME:** 480 g **TA:** 154

HAUPTTEIG

100 g Lievito Madre (Auffrischreste aus dem Kühlschrank)
230 g Wasser (kalt)
400 g Dinkelmehl 630
10 g Zucker
10 g Gerstenmalzextrakt
10 g Salz
5 g Hefe
3 g Backmalz (inaktiv)

SUD

1 l Wasser
1 EL Gerstenmalzexktrakt

AUSSERDEM

Sesam zum Bestreuen (nach Belieben)

HAUPTTEIG & STOCKGARE

- Den Lievito Madre 15 Minuten im Wasser einweichen.
- Alle Zutaten mit der Knetmaschine auf niedriger Stufe 2 Minuten kneten. Den Teig dann 8 Minuten auf höherer Stufe auskneten, bis er sich stark anfühlt und beim Aufziehen nicht mehr reißt.
- Den Teig bei Raumtemperatur 3 Stunden ruhen lassen, bis er sich verdoppelt hat. Dabei darf die Oberfläche jedoch nicht aufreißen.

BALLENGARE

- Den Teig in 8 Stücke teilen und rund schleifen. Abgedeckt 10 Minuten entspannen lassen.

FORMEN & STÜCKGARE

- In die Mitte der Teiglinge mit dem Finger oder mit dem Stiel eines Kochlöffels ein Loch drücken und auf 3–4 cm Ø vergrößern.
- Die Teiglinge auf Backpapier legen. Das Papier rund um jeden Teigling ausschneiden, sodass jeder Bagel auf einem eigenen Stück liegt.
- Bei Raumtemperatur 15–30 Minuten reifen lassen.

SUD & KOCHEN

- Wasser und Gerstenmalzexktrakt in einem Topf aufkochen.
- Den Herd ausschalten. Die Bagels nacheinander mithilfe des Backpapiers in den heißen Sud legen. Das Papier entfernen und die Bagels pro Seite 1 Minute kochen. (Sollte der erste Bagel nicht schwimmen, sofort herausnehmen und noch kurz weiterreifen lassen.)
- Fertige Bagels mit einer Schaumkelle herausheben und mit etwas Abstand auf Backpapier legen.
- Noch feucht nach Belieben mit Sesam bestreuen.

BACKEN

- Den Backofen auf 230 °C (Ober- und Unterhitze) vorheizen. Die Bagels im Ofen mit Schwaden 8–10 Minuten backen.
- Die Bagels nach dem Backen auf ein Gitter legen und mit einem Geschirrtuch abdecken, damit sie fluffig bleiben.

Timing
> Beispiel

VORTAG		BACKTAG		
17:00	20:00	8:00	11:00	11:30
Hauptteig kneten	Teig kühlen	Formen	Frittieren	Fertig

DONUTS

Hefe, Lievito Madre | Dinkel | Stockgare kalt, Stückgare warm

TE: 10 Donuts à 70 g (700 g) **GME:** 375 g **TA:** 154

HAUPTTEIG

335 g Dinkelmehl 630

55 g Lievito Madre (Auffrischreste aus dem Kühlschrank)

185 g Milch (kalt)

3,8 g Hefe

2 g abgeriebene Bio-Orangenschale (oder Orangenpaste)

40 g Zucker

5 g Salz

75 g Butter (kalt)

AUSSERDEM

2 runde Ausstecher (7,5 und 3 cm Ø)

Rapsöl zum Frittieren

Fritteuse

HAUPTTEIG & STOCKGARE

- Alle Zutaten bis auf Zucker, Salz und Butter mit der Knetmaschine auf niedriger Stufe 10 Minuten kneten.
- Zucker und Salz zugeben und bei mittlerer Stufe weiterkneten.
- Die Butter nach und nach zugeben und den Teig 2–3 Minuten auf höherer Stufe auskneten.
- Den Teig 2–3 Stunden bei Raumtemperatur ruhen und anspringen lassen (etwa 50 % Volumenzunahme). Dann über Nacht in den Kühlschrank stellen.

FORMEN & STÜCKGARE

- Den Teig 1,5 cm dick ausrollen. Zuerst mit dem großen Ausstecher Kreise ausstechen. Dann mit dem kleinen Ausstecher die Mitte ausstechen, sodass Ringe entstehen. Die Donuts auf Backpapier legen.
- Die Donuts abgedeckt 2,5–3 Stunden bei Raumtemperatur reifen lassen, bis sie sich verdoppelt haben. (Sie müssen Vollreife haben, nur dann schwimmen sie beim Frittieren.)
- Das Backpapier rund um jeden Teigling ausschneiden, sodass jeder Donut auf einem eigenen Stück liegt.

FRITTIEREN

- Das Frittieröl in der Fritteuse oder in einem Topf auf 170 °C erhitzen. Die Donuts nacheinander mithilfe des Backpapiers ins heiße Öl legen. Das Papier entfernen und die Donuts pro Seite 2–3 Minuten backen.
- Fertige Donuts herausnehmen. Auf Backpapier abtropfen und auf einem Gitter abkühlen lassen.

Mit diesem Teig gelingen auch Krapfen. Dafür den Teig nach der Stockgare in 10 Stücke (à 70 g) teilen und rund schleifen. Für die Stückgare auf Backpapier legen und wie beschrieben frittieren. Dabei die Frittierzeit eventuell anpassen, damit die Krapfen auch in der Mitte gar sind. Die Krapfen nach dem Abkühlen mit erwärmter Konfitüre füllen und mit Puderzucker bestäuben.

» Tipp

Wie Biga und Poolish ist auch Pâte fermentée („fermentierte Teig“) ein mit Hefe angesetzter Vorteig.

Timing
> Beispiel

2 TAGE VORHER		VORTAG		BACKTAG	
19:00	20:00	19:00	19:30	8:00	8:40
Vorteig vorbereiten	Vorteig kühlen	Hauptteig kneten	Formen	Backen	Fertig

ENSAÏMADA AUS MALLORCA

Hefe | Dinkel | Stock- und Stückgare warm

TE: 2 Schnecken à 290 g (580 g) **GME:** 270 g **TA:** 138

PÂTE FERMENTÉE

50 g Dinkelmehl 630
30 g Wasser
1 g Salz
0,5 g Hefe

HAUPTTEIG

Pâte fermentée
220 g Dinkelmehl 630
45 g Wasser
30 g Orangensaft
50 g Zucker
15 g Butter
4 g Salz
3 g Hefe

FÜLLUNG

135 g Schmalz

PÂTE FERMENTÉE

- Alle Zutaten gut verkneten und 1 Stunde bei Raumtemperatur anspringen lassen.
- Dann bis zu 48 Stunden in den Kühlschrank stellen.

HAUPTTEIG & STOCKGARE

- Alle Zutaten mit der Knetmaschine auf niedriger Stufe 3 Minuten kneten. Den Teig dann 8 Minuten auf höherer Stufe auskneten, bis er sich stark anfühlt und beim Aufziehen nicht mehr reißt.
- Den Teig abgedeckt 30 Minuten in der Rührschüssel ruhen lassen.

FÜLLEN, FORMEN & STÜCKGARE

- Den Teig in 2 Stücke teilen. Jedes Stück mit dem Nudelholz 1 cm dick ausrollen und mit der Hälfte vom Schmalz bestreichen.
- Den Teig weiter ausziehen (ähnlich wie Strudel), bis er hauchdünn und ca. 60 × 60 cm groß ist. Dabei darauf achten, dass er nicht reißt (kleine Löcher machen nichts) und auch die Ecken dünn ausgezogen sind.
- Jedes Teigblatt von einer Längsseite her aufrollen. Die Rollen 10 Minuten entspannen lassen.
- Die Rollen etwas in die Länge ziehen und auf Backpapier zu Schnecken (ca. 15 cm Ø) aufrollen. Dabei ca. 1 cm Abstand zwischen dem Teigstrang lassen, sodass sich der Teig verdoppeln kann und nach dem Backen berührt. Das äußere Ende des Teigstrangs unter die Schnecke stecken.
- Die Schnecken 15–20 Stunden im ausgeschalteten Backofen oder in der Gärbox gehen lassen, bis sie sich ungefähr verdoppelt haben. Dabei die Wände von Ofen oder Gärbox mit Wasser besprühen, damit die Einsaïmada nicht austrocknet.

BACKEN

- Den Backofen auf 180 °C (Ober- und Unterhitze) vorheizen. Die Schnecken nacheinander im Ofen mit Schwaden jeweils 18–20 Minuten backen.

Timing
> Beispiel

BACKTAG

8:00	9:00	11:00	15:00	18:00	18:55
Kochstück und Vorteig vorbereiten	Kochstück kühlen	Hauptteig kneten	Formen	Backen	Fertig

SCHOKO-BRIOCHE

Hefe, Lievito Madre · Dinkel · One Day Bake

TE: 1 Brioche (890 g) **GME:** 380 g **TA:** 170 23 × 11 cm

KOCHSTÜCK

100 g Milch
20 g Dinkelmehl 630

LIEVITO MADRE

40 g Dinkelmehl 630
40 g Anstellgut
16 g Wasser

HAUPTTEIG

Kochstück
Lievito Madre
300 g Dinkelmehl 630
140 g Milch
25 g Kakaopulver
4,3 g Hefe
75 g Zucker
8 g Salz
120 g Butter

AUSSERDEM

1 EL Milch
1 EL Ahornsirup

KOCHSTÜCK

- Milch und Mehl in einem Topf verrühren und bei mittlerer Hitze erwärmen, bis eine puddingartige Konsistenz entsteht. Dabei ständig rühren, damit es nicht anbrennt oder spritzt. Abgedeckt abkühlen lassen und bis zur Verwendung max. 12 Stunden kühlen.

LIEVITO MADRE

- Alle Zutaten verkneten, bis kein Mehl mehr sichtbar und die Oberfläche glatt ist. Dann entweder zu einer Kugel formen und ein Kreuz einschneiden oder aufrollen.
- Den Lievito Madre bei 28 °C 2,5–3 Stunden reifen lassen, bis er sich mindestens verdoppelt hat.

HAUPTTEIG & STOCKGARE

- Alle Zutaten bis auf Zucker, Salz und Butter mit der Knetmaschine auf mittlerer Stufe 8 Minuten kneten. Danach soll sich der Teig stark anfühlen und beim Aufziehen nicht mehr reißen (kein Fenstertest nötig).
- Zucker und Salz zugeben. Zuerst 30 Sekunden auf hoher, dann 4 Minuten bei mittlerer Stufe weiterkneten, bis der Teig den Fenstertest besteht (Seite 41).
- 60 g Butter zugeben und 1 Minute auf hoher, dann 3 Minuten auf niedriger Stufe einkneten, bis der Teig nicht mehr an der Schüssel klebt und den Fenstertest besteht. Mit der übrigen Butter (60 g) wiederholen.
- Den Teig 4 Stunden bei 28 °C gehen lassen, bis er sich mindestens verdoppelt hat.

FORMEN & STÜCKGARE

- Den Teig in 8 Stücke teilen und rund formen. Dann in zwei Reihen (à 4 Kugeln) in die gebutterte und bemehlte Kastenform legen. (Alternativ den Teig wie beim Toastbrot Seite 147 formen).
- Abgedeckt 3–4 Stunden bei 28 °C reifen lassen, bis sich der Teig mindestens verdoppelt hat und 2–3 cm unter den Rand der Form reicht.

BACKEN

- Den Backofen auf 165 °C (Umluft) vorheizen. Milch und Ahornsirup verrühren und die Brioche damit bestreichen.
- Im Ofen 50–55 Minuten ohne Dampf backen (Kerntemperatur 94 °C). Dabei eventuell mit Alufolie abdecken, damit die Brioche nicht zu dunkel wird.

»Tipp

Diese süßen Brötchen kannst du auch mit veganer Butter und Pflanzendrink zubereiten.

Timing
> Beispiel

VORTAG				BACKTAG			
8:00	9:00	18:00	21:00	8:00	8:30	11:30	12:00
Koch-/ Quellstück vorbereiten	Koch-/ Quellstück kühlen	Hauptteig kneten	Teig kühlen (Variante 2)	Teig akklimatisieren lassen	Formen	Backen	Fertig

ROSINENBRÖTCHEN

Hefe, Lievito Madre · Dinkel · Stockgare warm / kalt, Stückgare warm

TE: 9 Brötchen à 115 g (1035 g) **GME:** 480 g **TA:** 165 20 × 20 cm

KOCHSTÜCK

150 g Milch

30 g Dinkelmehl 630

QUELLSTÜCK

100 g Rosinen

100 g Wasser

HAUPTTEIG

Kochstück

400 g Dinkelmehl 630

70 g Lievito Madre

155 g Milch

60 g Butter

35 g Zucker

10 g Gerstenmalzextrakt

10 g Salz

6 g Hefe

Quellstück

AUSSERDEM

je 4 EL Sonnenblumenkerne und Sesam

2 EL Milch

1 EL Ahornsirup

KOCHSTÜCK

- Milch und Mehl in einem Topf verrühren und bei mittlerer Hitze erwärmen, bis eine puddingartige Konsistenz entsteht. Dabei ständig rühren, damit es nicht anbrennt oder spritzt. Abgedeckt abkühlen lassen und bis zur Verwendung max. 12 Stunden in den Kühlschrank stellen.

QUELLSTÜCK

- Rosinen und Wasser in einer Schüssel vermischen und bis zur Verwendung in den Kühlschrank stellen. 1 Stunde vor dem Kneten herausnehmen und bei Raumtemperatur akklimatisieren lassen.

HAUPTTEIG & STOCKGARE

- Alle Zutaten bis auf das Quellstück mit der Knetmaschine kneten, bis der Teig den Fenstertest besteht (Seite 41).
- Das Quellstück 2 Minuten auf niedriger Stufe einkneten.
- **Variante 1:** Den Teig ca. 4 Stunden bei Raumtemperatur ruhen lassen.
- **Variante 2:** Den Teig ca. 3 Stunden bei Raumtemperatur verdoppeln lassen. Dann über Nacht in den Kühlschrank stellen. Am Backtag 30–60 Minuten bei Raumtemperatur akklimatisieren lassen.

FORMEN & STÜCKGARE

- Den Teig in 9 Stücke teilen und rund schleifen. Sonnenblumenkerne und Sesam mischen.
- Die Brötchen mit etwas Wasser besprühen und in die Kernemischung tauchen. In drei Reihen (à 3 Brötchen) in die gebutterte und bemehlte Backform setzen. Abgedeckt 3 Stunden bei Raumtemperatur reifen lassen, bis sie sich mindestens verdoppelt haben.

BACKEN

- Den Backofen auf 165 °C (Umluft) vorheizen. Milch und Ahornsirup verrühren und die Brötchen damit bestreichen.
- Im Ofen ohne Schwaden 30–35 Minuten backen. Die Brötchen sofort nach dem Backen nochmals mit der Milchmischung bestreichen, damit sie schön glänzen.

Timing
> Beispiel

VORTAG	BACKTAG				
19:00	8:00	9:30	11:00	16:00	16:25
Hauptteig und Butterplatte vorbereiten	Butter einschlagen und 1. Tour	2. Tour	Ausrollen und formen	Backen	Fertig

CROISSANTS

Hefe Dinkel Stockgare kalt, Stückgare warm

TE: 6 Croissants (590 g) **GME:** 260 g **TA:** 152

HAUPTTEIG

260 g Dinkelmehl 630
80 g Milch
30 g Wasser
25 g Orangensaft
25 g Zucker
15 g Butter
5 g Salz
7 g Hefe

BUTTERPLATTE

145 g Butter

AUSSERDEM

2 EL Sahne
1 Prise Salz
1 Prise Zucker

HAUPTTEIG & STOCKGARE

- Alle Zutaten mit der Knetmaschine auf niedriger Stufe 3 Minuten kneten. Den Teig dann 8 Minuten auf höherer Stufe auskneten, bis er sich stark anfühlt und beim Aufziehen nicht mehr reißt.
- Den Teig in Frischhaltefolie wickeln und über Nacht im Kühlschrank ruhen lassen.

BUTTERPLATTE

- Die Butter in Stücke schneiden und auf ein Stück Backpapier (15 × 22 cm) legen. Das Papier zusammenklappen und die Butter mit einem Nudelholz zu einer 2–3 mm dicken Platte ausrollen. Bis zur Verwendung kühlen.

FORMEN & STÜCKGARE

- Teig und Butterplatte bei Raumtemperatur 5 Minuten akklimatisieren lassen, bis beide eine ähnliche Konsistenz haben. Die Butterplatte muss sich biegen lassen, ohne dabei zu brechen.
- Die Butterplatte in den Teig einschlagen (Seite 152).
- Eine einfache Tour machen (Seite 153). Den Teig in Frischhaltefolie wickeln und mind. 1 Stunde im Kühlschrank ruhen lassen.
- Danach eine doppelte Tour machen (Seite 153). Den Teig wieder in Frischhaltefolie wickeln und nochmals mindestens 1 Stunde im Kühlschrank ruhen lassen.
- Den Teig zuletzt zu einer Platte (24 × 25 cm) ausrollen, in 6 Dreiecke schneiden und zu Croissants aufrollen (Seite 152). Auf Backpapier legen.
- Die Teiglinge 4–5 Stunden bei 26 °C im ausgeschalteten Backofen oder in der Gärbox reifen lassen. Dabei die Wände von Ofen oder Gärbox mit Wasser besprühen, damit die Teiglinge nicht austrocknen.
- Die Croissants sind reif zum Backen, wenn sie sich mindestens verdoppelt haben.

BACKEN

- Den Backofen auf 220 °C (Ober- und Unterhitze) vorheizen. Sahne, Zucker und Salz verrühren. Die Croissants vorsichtig damit bestreichen und im Ofen fallend auf 180 °C ohne Schwaden 22–25 Minuten backen.

» Tipp

Anleitungen zum Flechten findest du auf meinem Instagram-Kanal:

Timing
> Beispiel

VORTAG				BACKTAG			
8:00	9:00	18:00	21:00	8:00	8:30	11:30	12:00
Kochstück vorbereiten	Kochstück kühlen	Hauptteig kneten	Teig kühlen (Variante 2)	Teig akklimatisieren lassen	Flechten	Backen	Fertig

HEFEZOPF

Hefe, Lievito Madre | Dinkel | Stockgare warm / kalt, Stückgare warm

TE: 1 Zopf (ca. 565 g) **GME:** 300 g **TA:** 159

KOCHSTÜCK

80 g Milch
25 g Dinkel-Vollkornmehl

HAUPTTEIG

Kochstück
130 g Dinkelmehl 630
55 g Dinkel-Vollkornmehl
130 g Lievito Madre
50 g Milch
50 g Butter
25 g Zucker
½ TL abgeriebene Bio-Zitronenschale
½ TL abgeriebene Bio-Orangenschale
6 g Salz
3 g Hefe

AUSSERDEM

Milch zum Bestreichen

KOCHSTÜCK

- Milch und Mehl in einem Topf verrühren und bei mittlerer Hitze erwärmen, bis eine puddingartige Konsistenz entsteht. Dabei ständig rühren, damit es nicht anbrennt oder spritzt. Abgedeckt abkühlen lassen und bis zur Verwendung max. 12 Stunden in den Kühlschrank stellen.

HAUPTTEIG & STOCKGARE

- Alle Zutaten mit der Knetmaschine kneten, bis der Teig den Fenstertest besteht (Seite 41).
- **Variante 1:** Den Teig ca. 4 Stunden bei Raumtemperatur ruhen lassen, bis er sich mindestens verdoppelt hat
- **Variante 2:** Den Teig ca. 3 Stunden bei Raumtemperatur verdoppeln lassen. Dann über Nacht in den Kühlschrank stellen. Am Backtag 30–60 Minuten bei Raumtemperatur akklimatisieren lassen.

FORMEN & STÜCKGARE

- Den Teig nach Belieben formen (siehe Tipp) und auf ein Backblech legen.
- Den Zopf 3 Stunden bei Raumtemperatur reifen lassen, bis er sich verdoppelt hat. Dabei darauf achten, dass die Oberfläche nicht antrocknet. (Den Zopf am besten auf dem Backblech in den ausgeschalteten Ofen schieben. Sobald er sich verdoppelt hat, herausnehmen.)

BACKEN

- Den Backofen auf 180 °C (Ober- und Unterhitze) vorheizen. Den Zopf mit Milch bestreichen und im Ofen ohne Schwaden 25 Minuten backen.
- Den Zopf sofort nach dem Backen nochmals mit Milch bestreichen, damit er schön glänzt.

» Tipp

Das Brot am besten auf dem Blech im ausgeschalteten Ofen reifen lassen. Herausnehmen, sobald es sich verdoppelt hat.

Timing

> Beispiel

VORTAG				BACKTAG			
8:00	9:00	18:00	21:00	8:00	8:30	10:30	11:20
Quell-/ Kochstück und Vorteig vorbereiten	Quell-/ Kochstück und Vorteig kühlen	Hauptteig kneten	Teig kühlen (Variante 2)	Teig akklimatisieren lassen	Formen	Backen	Fertig

OSTERBROT

Hefe, Lievito Madre   Dinkel   Stockgare warm / kalt, Stückgare warm

TE: 1 Brot (1000 g)   **GME:** 400 g   **TA:** 157

QUELLSTÜCK
100 g Sultaninen
40 g Mandelstifte
120 g Wasser

KOCHSTÜCK
60 g Milch
20 g Dinkelmehl 630

LIEVITO MADRE
50 g Dinkelmehl 630
20 g Wasser
50 g Anstellgut

HAUPTTEIG
Kochstück
Lievito Madre
300 g Dinkelmehl 630
130 g Milch
60 g Butter
40 g Zucker
1 TL abgeriebene Bio-Zitronenschale
1 TL abgeriebene Bio-Orangenschale
8 g Salz
4 g Hefe

AUSSERDEM
Milch zum Bestreichen

QUELLSTÜCK
- Alle Zutaten in einer Schüssel vermischen und bis zur Verwendung in den Kühlschrank stellen. 1 Stunde vor dem Formen herausnehmen und bei Raumtemperatur akklimatisieren lassen.

KOCHSTÜCK
- Milch und Mehl in einem Topf verrühren und bei mittlerer Hitze erwärmen, bis eine puddingartige Konsistenz entsteht. Dabei ständig rühren, damit es nicht anbrennt oder spritzt. Abgedeckt abkühlen lassen und bis zur Verwendung max. 12 Stunden in den Kühlschrank stellen.

LIEVITO MADRE
- Alle Zutaten verkneten, bis kein Mehl mehr sichtbar ist und die Oberfläche glatt ist. Dann entweder zu einer Kugel formen oder aufrollen und in ein sauberes Glas geben.
- Den Lievito Madre bei 28 °C 2,5–3 Stunden reifen lassen, bis er sich mindestens verdoppelt hat.

HAUPTTEIG & STOCKGARE
- Alle Zutaten mit der Knetmaschine kneten, bis der Teig den Fenstertest besteht (Seite 41).
- **Variante 1:** Den Teig ca. 4 Stunden bei Raumtemperatur ruhen lassen, bis er sich mindestens verdoppelt hat.
- **Variante 2:** Den Teig ca. 3 Stunden bei Raumtemperatur verdoppeln lassen. Dann über Nacht in den Kühlschrank stellen. Am Backtag 30–60 Minuten akklimatisieren lassen.

FORMEN & STÜCKGARE
- Den Teig in 2 Stücke teilen. Jedes Stück auf der Arbeitsfläche dünn ausrollen und jeweils die Hälfte des Quellstücks darauf verteilen. Von einer Längsseite her aufrollen.
- Die beiden Rollen miteinander verschlingen, zu einem Kreis formen und die Enden zusammendrücken. Auf Backpapier legen.
- Das Brot 3 Stunden reifen lassen, bis es sich verdoppelt hat. Dabei darauf achten, dass die Oberfläche nicht antrocknet.

BACKEN
- Den Backofen auf 180 °C (Ober- und Unterhitze) vorheizen. Das Brot mit Milch bestreichen und im Ofen ohne Schwaden 50 Minuten backen (Kerntemperatur 94 °C). Dabei eventuell mit Alufolie abdecken.
- Das Osterbrot sofort nach dem Backen nochmals mit Milch bestreichen.

Timing
> Beispiel

VORTAG	BACKTAG				
20:00	8:00	9:00	11:00	12:00	12:45
Quellstück 1	Quellstück 2 und Vorteig vorbereiten	Hauptteig kneten	Formen	Backen	Fertig

STOLLEN NACH HILDEGARD VON BINGEN

Hefe, Lievito Madre | Dinkel, Einkorn, Emmer, Gerste, Waldstaudenroggen | Stock- und Stückgare warm

TE: 1 Stollen (1 000 g) **GME:** 340 g **TA:** 165 Stollenform 31 × 10 cm

QUELLSTÜCK 1

40 g getrocknete Äpfel

85 g getrocknete Aprikosen

170 g Apfelsaft (kalt)

QUELLSTÜCK 2

je 40 g Hasel- und Walnusskerne, geröstet und gehackt

25 g Wasser (kalt)

VORTEIG

10 g Hefe

40 g Milch (kalt)

70 g Dinkelmehl 630

HAUPTTEIG

Quellstück 1 und 2

Vorteig

100 g Dinkelmehl 630

100 g Lievito Madre

je 35 g Einkorn- und Emmer-Vollkornmehl

je 15 g Waldstaudenroggen- und Gersten-Vollkornmehl

15 g Honig, 35 g Zucker

50 g Milch

4 g Würzmischung nach Hildegard von Bingen (oder Stollengewürz)

3 g gemahlener Zimt

4 g Salz, 155 g Butter

AUSSERDEM

flüssige Butter zum Bestreichen

Zucker und Puderzucker zum Bestreuen

QUELLSTÜCK 1

- Äpfel und Aprikosen klein schneiden. Die Früchte dann mit Apfelsaft in einer Schüssel vermischen. Über Nacht bei Raumtemperatur quellen lassen.

QUELLSTÜCK 2

- Nüsse und Wasser in einer Schüssel vermischen und bis zur Verwendung bei Raumtemperatur quellen lassen.

VORTEIG

- Die Hefe in der Milch auflösen. Das Mehl zugeben und zu einer Kugel kneten.
- Den Vorteig 45–60 Minuten bei 23 °C reifen lassen, bis er sich verdoppelt hat.

HAUPTTEIG & STOCKGARE

- Beide Quellstücke in ein Sieb abgießen und abtropfen lassen.
- Alle Zutaten bis auf Salz, Butter und beide Quellstücke mit der Knetmaschine verkneten, bis ein glatter und starker Teig entsteht.
- Salz und Butter einkneten, bis der Teig den Fenstertest besteht (Seite 41).
- Die beiden Quellstücke auf niedrigster Stufe einkneten.
- Den Teig abgedeckt bei Raumtemperatur 2 Stunden in der Rührschüssel ruhen lassen.

FORMEN & STÜCKGARE

- Den Teig in die gebutterte Stollenform legen und abgedeckt 1 Stunde bei Raumtemperatur reifen lassen.

BACKEN

- Den Backofen auf 220 °C (Ober- und Unterhitze) vorheizen. Den Stollen im Ofen fallend auf 180 °C ohne Schwaden 40–45 Minuten backen (Kerntemperatur 93 °C).
- Nach dem Backen aus der Form lösen, auf ein Gitter legen und auf 50 °C abkühlen lassen. Den Stollen mit flüssiger Butter bestreichen, mit Zucker bestreuen und über Nacht durchziehen lassen.
- Vor dem Servieren mit Puderzucker bestreuen.

7

SERVICE

ANLEITUNGEN ZUM FORMEN

Rundes Brot

>> Teig vom Rand nach und nach in die Mitte einschlagen (1–6).

Längliches Brot

>> Teig quadratisch ausziehen und das untere Drittel nach oben schlagen (1). Zuerst die rechte Teighälfte in die Mitte schlagen (2), danach die linke Hälfte ebenfalls in die Mitte klappen (3). Das obere Teigstück etwas herunterklappen (4) und vorsichtig einrollen (5–6).

Toastbrot

» Teigstück mit einem Nudelholz rechteckig ausrollen (1). Beide Seiten zur Mitte klappen (2) und nochmals mit dem Nudelholz etwas ausrollen (3). Vorsichtig aufrollen (4–5) und in die Kastenform legen (6).

Tipp: Die 3-Stück-Methode funktioniert auch prima bei Brioche.

Pa Dalí

» In der Teigmitte mit den Händen einen Kreis formen (1). Die Ränder etwas flach drücken und ein Dreieck bilden (2). Jede Seite des Dreiecks zur Mitte klappen (3). Mit der Handkante auf die drei Ecken drücken und diese einmal verdrehen (4–5). Dabei mit reichlich Mehl arbeiten, damit der Teig nicht klebt.

Baguette

>> Teigstück zu einem Zylinder formen. Dazu zuerst die obere, dann die untere Seite in die Mitte klappen und mit dem Daumen und Zeigefinger andrücken (1–3). Das Teigstück entspannen lassen. Danach den Teig final formen und bereits auf die endgültige Länge ausrollen. Dafür wie zuvor beim Formen der Zylinder vorgehen (4–10). Die Enden nach Belieben noch spitz formen, dazu an den Rändern mit den Händen etwas fester ausrollen (11–12).

Stangen

» Teigstück oval ausrollen (1). Dann mithilfe des Handballens zu einer Stange aufrollen (2–6). Dabei den Teig leicht hin- und herziehen, damit der Teigling Spannung bekommt.

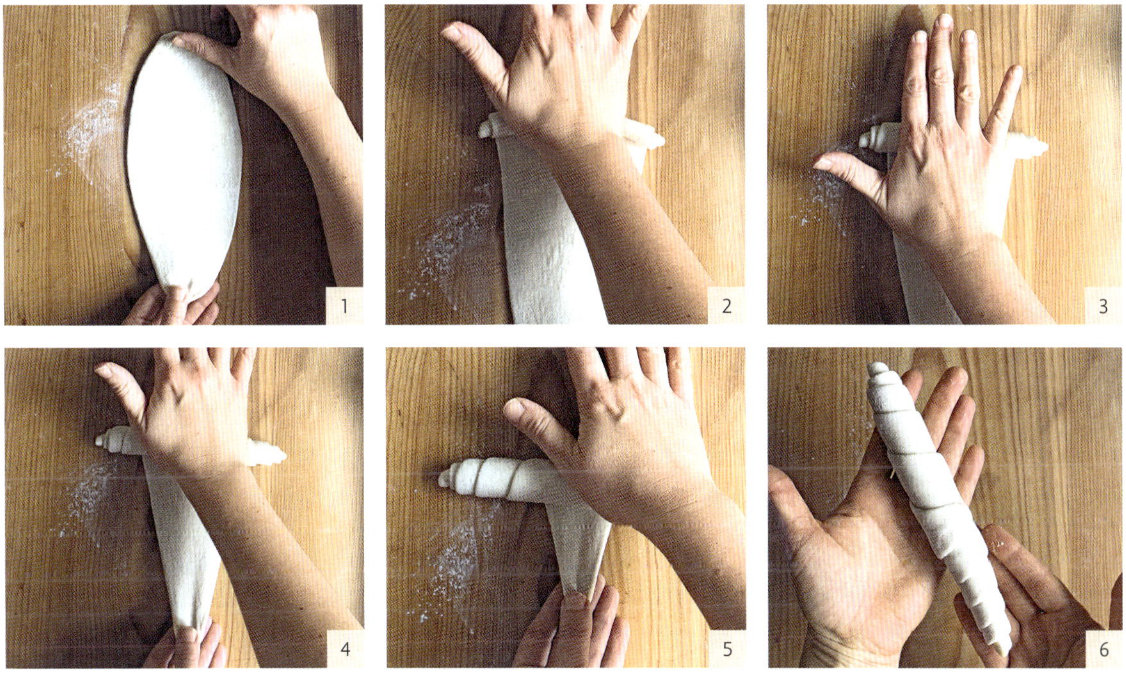

Knoten

» Teigstück zu einem Zylinder formen (1–2). Nach dem Entspannen jeden Zylinder zu einem langen Strang rollen und zu einem Knoten formen (3–4). Die Enden miteinander verschließen (5).

Handsemmeln

» Teigstück flach drücken und in reichlich Roggenmehl 997 wälzen. Den linken Daumen in die Mitte des Teigstücks legen und mit der rechten Hand darüber bis zur Mitte eine Lasche einschlagen (1). Mit der rechten Handkante mittig fest eindrücken (2). Diesen Vorgang noch dreimal wiederholen (3–8). Die letzte Lasche an die Stelle des linken Daumens platzieren und festdrücken (9–10). Die Semmel umdrehen und auch dort verschließen (11). Linkshänder verwenden den rechten Daumen und arbeiten mit der linken Hand.

Spitzbrötchen

» Teigstück viereckig formen und jede Ecke zur Mitte klappen (1–2). Dann die obere Hälfte nach unten umklappen (3) und verschließen (4–5). Die Enden etwas spitz rollen (6).

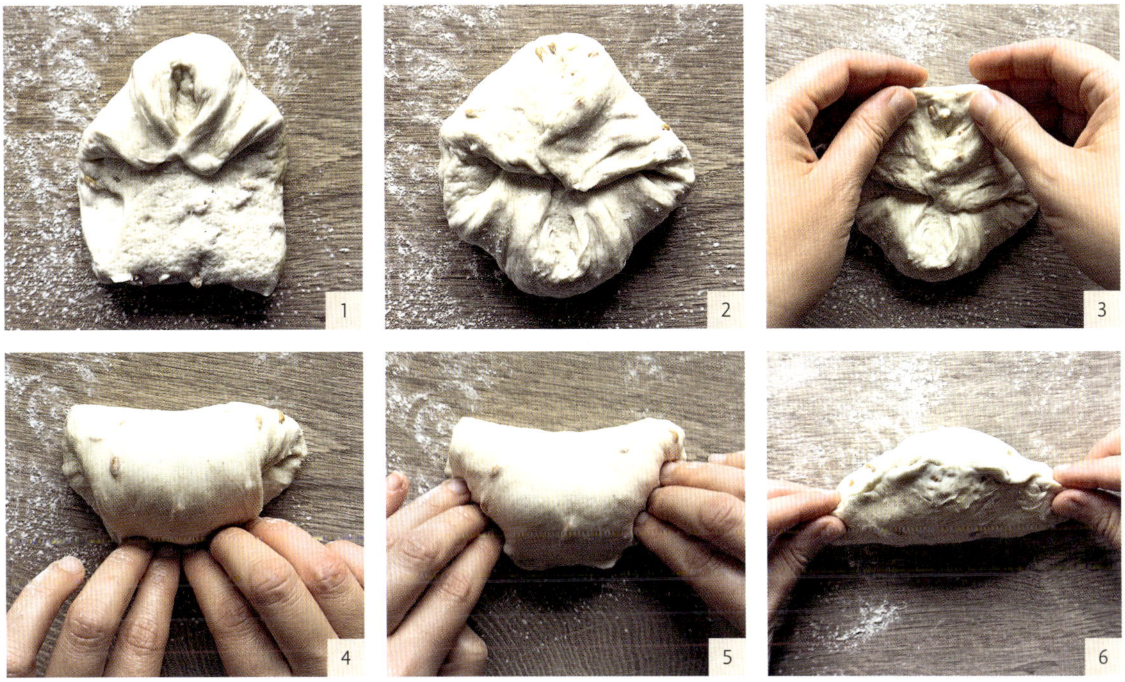

Brezeln

» Die Teiglinge zu Zylindern formen (1–3). Jeden Zylinder zu einem langen Strang rollen (4) und zu einer Brezel schlingen (5–6). Die Teiglinge belaugen (siehe Kasten Seite 152).

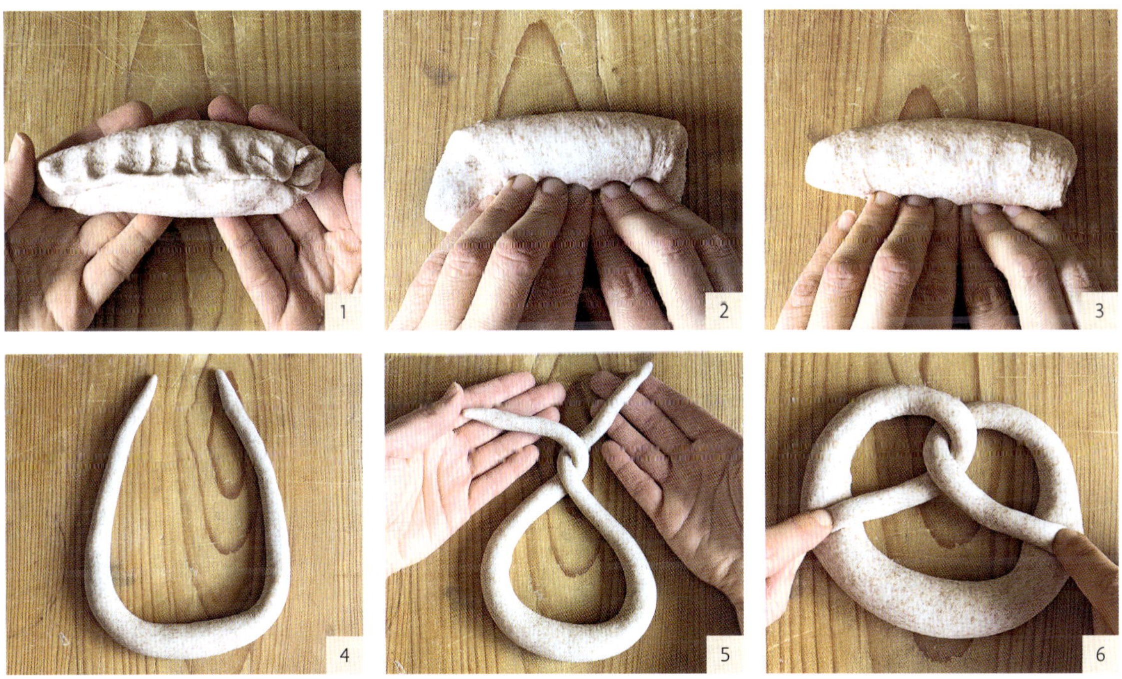

Richtig mit Lauge umgehen

- Nur lebensmittelgeeignete Lauge (NaOH, Natriumhydroxid, Ätznatron) verwenden. Diese immer getrennt von Lebensmitteln und außerhalb der Reichweite von Tieren und Kindern aufbewahren.
- Besonders praktisch sind Laugenperlen, die man in Wasser auflösen kann. Wichtig: Die Perlen langsam in das Wasser geben, niemals umgekehrt. Für eine 4%ige Lauge 20 g Laugenperlen in 500 g Wasser rühren, bis sich alle Perlen aufgelöst haben. Diesen Schritt am besten im Freien machen, denn die dabei entstehenden Dämpfe dürfen nicht eingeatmet werden.
- Beim Eintauchen der Brezeln Schutzhandschuhe (Einweghandschuhe) und Brille tragen.
- Flüssige Lauge kann in einem laugenbeständigen Gefäß aufbewahrt und mehrmals verwendet werden. Das Gefäß deutlich kennzeichnen und außerhalb der Reichweite von Tieren und Kindern aufbewahren.
- Zum Backen besser Dauerbackfolie als Backpapier verwenden – daran kleben die Brezeln nicht fest.

Croissants

>> Die Butterplatte in den Teig einschlagen und in Richtung der Naht ausrollen (1–3). Zuerst eine einfache Tour machen (4). Nach der Ruhezeit eine doppelte Tour machen (5–6). Nach einer weiteren Ruhezeit den Teig final ausrollen und in Dreiecke (8 cm Basis, 25 cm lang) schneiden (7). Diese vorsichtig in die Länge dehnen und ohne Spannung zur Spitze hin aufrollen (8–9).

So klappt das Tourieren

- Eine 2–3 mm dicke Butterplatte vorbereiten.
- Zum Tourieren den Teig nicht dünner als 1 cm ausrollen. Beim finalen Ausrollen den Teig 5 mm dick aus ausrollen.
- Den Teig an der Bruchkante durchschneiden, um Spannung und Ecken ohne Butter zu vermeiden.
- Immer in Richtung der offenen Teigseite ausrollen. So wechselt man bei jeder Tour automatisch die Ausrollrichtung des Teigs.
- Den Teig zwischen den Touren und vor dem finalen Ausrollen mindestens 1 Stunde im Kühlschrank ruhen lassen. Nur so kann sich das Gluten entspannen, und der Teig lässt sich ohne Kraft ausrollen.
- Für eine optimale Krume nur eine einfache und eine doppelte Tour machen.
- Beim Ausrollen darauf achten, dass Butter und Teig eine ähnliche Konsistenz haben. Ist die Butter zu kalt, bricht sie in Stücke. Ist sie zu warm, schmilzt sie und zieht in den Teig ein. Deshalb am besten bei 14–18 °C Raumtemperatur arbeiten. Vor dem Ausrollen gekühlten Teig und Butter 5 Minuten akklimatisieren lassen. Die Teigtemperatur regelmäßig mit einem Laserthermometer prüfen, um die optimale Arbeitstemperatur abzupassen.
- Die Arbeitsfläche mit Dinkelmehl 630 bestreuen. Der Teig darf beim Ausrollen nicht an der Arbeitsfläche kleben, damit das Laminieren gleichmäßig erfolgt. Überschüssiges Mehl vor dem nächsten Arbeitsschritt entfernen.
- Beim Aufrollen der Croissants nicht zu viel Spannung ausüben.
- Holzstangen oder Silikonschienen in verschiedenen Stärken helfen, die Dicke beim Tourieren und finalen Ausrollen einzuhalten. Dabei mit dem Nudelholz auf den Stangen rollen.
- So genau wie möglich arbeiten und beim Tourieren so wenig Druck wie möglich auf den Teig ausüben.

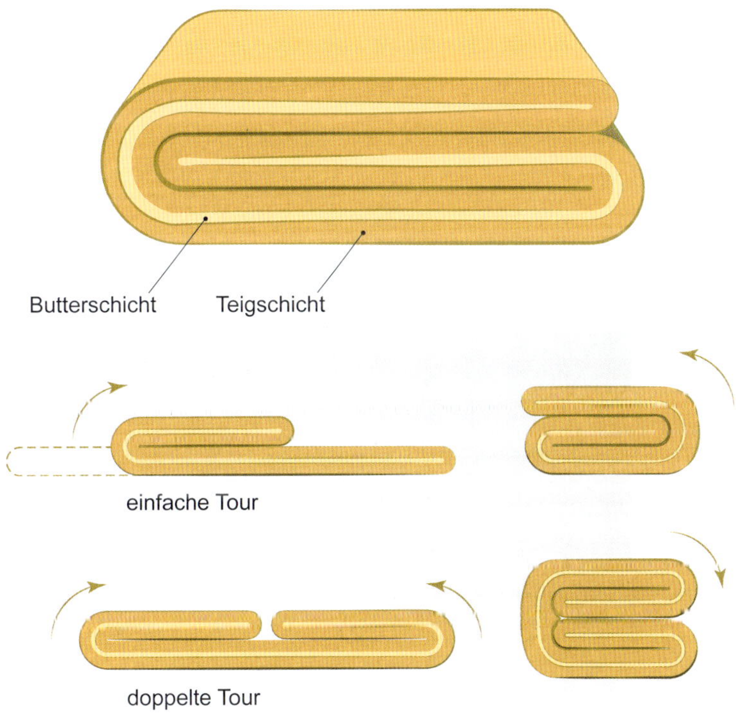

Einfache und doppelte Tour mit Teig und Butter

FAQ RUND UMS BACKEN MIT DINKEL

KANN ICH IN REZEPTEN WEIZEN GEGEN DINKEL AUSTAUSCHEN?

Grundsätzlich ja. Aber Dinkel nimmt weniger Wasser auf als Weizen und neigt zum Trockenbacken. Deshalb immer im ersten Schritt etwas Wasser zurückzubehalten. Ob du dann noch andere Maßnahmen gegen das Trockenbacken von Dinkel ergreifst, hängt von mehreren Faktoren ab: Um welches Gebäck handelt es sich? Wie lange soll es frisch bleiben? Wie soll die Porung aussehen? Ein Koch- oder Brühstück verlängert die Frischhaltung, bedingt aber auch eine etwas feinere Porung.

WIE VERHINDERE ICH DAS TROCKENBACKEN?

Spezielle Zutaten oder Vorteige ermöglichen eine bessere Wasserbindung in Dinkelteigen. Dazu gehören z. B. Flohsamenschalen, Altbrot, Chia- und Leinsamen, Kochstück, Brühstück, Kartoffeln, Fett oder Buttermilch (Seite 18).

WELCHE ZUTATEN STABILISIEREN DAS KLEBERGERÜST DES DINKELS?

Das Klebereiweiß von Dinkel ist weniger fest und dehnbar als das von Weizen und somit instabiler. Um das Glutengerüst zu unterstützen, kannst du Zitrusfruchtsaft einsetzen. Flohsamenschalen verbessern nicht nur die Wasserbindung, sondern bilden beim Verquellen ein viskoses Gel, das sich positiv auf die Stabilität und Elastizität des Teigs auswirkt (Seite 20).

IST DINKEL BEIM KNETEN EMPFINDLICHER?

Dinkel enthält zwar Gluten, doch ist es deutlich schwächer als das von Weizen. Beim Kneten musst du das berücksichtigen. Allerdings gibt es große Unterschiede zwischen den einzelnen Dinkelsorten. Einige kann man beim Kneten mehr beanspruchen, andere weniger.

Dinkelteige werden eher schonend geknetet, also die meiste Zeit auf niedriger Stufe und nur kurz auf höherer Stufe. Gerne können Pausen eingelegt werden, um dem Teig etwas Ruhe zu gönnen. Dieses stufenweise Kneten funktioniert sehr gut, wenn man keine Fermentolyse ansetzen konnte oder bei All-in-Teigen.

EIGNET SICH DINKEL FÜR LANGE GAREN?

Grundsätzlich ja. Meiner Erfahrung nach hängt es aber sehr von der jeweiligen Dinkelsorte ab, wie lange die Gare ausgedehnt werden kann.

WELCHE TEIGTEMPERATUREN SIND FÜR DINKEL OPTIMAL?

Idealerweise hat ein Dinkelteig am Ende der Knetphase eine Temperatur von 22–24 °C, maximal von 26 °C. In diesem Temperaturbereich entsteht durch das Kneten ein stabiles Klebergerüst. Höhere Teigtemperaturen verhindern die Bildung dieses Gerüsts.

GLOSSAR

Anspringen lassen » Teige mit Gärverzögerung im Kühlschrank lässt man vorab eine gewisse Zeit bei Raumtemperatur oder warmer Temperatur (z. B. in der Gärbox) reifen. So können Hefen und andere Mikroorganismen den Teig unter optimalen Bedingungen fermentieren.

Autolyse » Mischung aus Mehl und Wasser, um die Mehlverquellung zu starten.

Ballengare » Gare zwischen Stock- und Stückgare. Der Teig wird nach der Stockgare aufgeteilt und meist rund geschliffen (Ballen). Nach einer kurzen Ruhezeit werden die Teigballen final geformt.

Bassinage » Teil der Schüttflüssigkeit, die zu Beginn des Knetens zurückgehalten wird.

Coil Fold » Sanfte Version von Dehnen und Falten. Dabei wird der Teig nicht aufgezogen, sondern er dehnt sich nur so viel wie er selbst kann.

Dehnen und Falten » Der Teig wird in der Teigwanne von jeder Seite aufgezogen und zur Mitte gefaltet.

Fermentolyse » Mischung aus Mehl, Wasser und Triebmittel. In dieser Phase wird die Fermentation ohne Hemmung von Salz ausgelöst.

Fenstertest » Zeigt, ob der Teig genug geknetet ist. Dafür wird ein Stück Teig vorsichtig auseinandergezogen. Entsteht dabei eine hauchdünne Membran, ist der Teig ausreichend geknetet.

Getreidemahlerzeugnisse (GME) » Menge an Getreide, die im Rezept verwendet wird. Dazu zählt Getreide (und Pseudogetreide) in jeder Form, also vermahlen, geflockt oder geschrotet.

Kesselgare » Stockgare, die in der Teigschüssel (Kessel) erfolgt.

Laminieren » Maßnahme zur Verbesserung der Teigstruktur. Dafür wird der Teig auf der befeuchteten Arbeitsfläche ganz dünn ausgezogen, eventuell werden Einlagen aufgestreut. Dann wird der Teig wieder zusammengefaltet und zurück in die Teigwanne gelegt.

Pre-Shape » Zwischenschritt vor dem finalen Formen, um dem Teigling mehr Spannung zu geben.

Raumtemperatur » Ausgangspunkt für die Rezepte ist eine Raumtemperatur von 22 °C. Bei einer um 5 °C höheren Raumtemperatur halbiert sich die Gärzeit, bei einer um 5 °C niedrigeren Raumtemperatur verdoppelt sie sich.

Stockgare » Gärphase des kompletten, ungeformten Teigs nach dem Kneten und noch vor dem Teilen und/oder Aufarbeiten.

Stückgare » Gärphase des geformten Teigs.

Teigausbeute (TA) » Verhältnis zwischen der im Teig verwendeten Menge an Schüttflüssigkeit und der Menge an Getreidemahlerzeugnissen: TA = Schüttflüssigkeit ÷ GME.
Je höher die TA, umso weicher wird der Teig.

Teigeinlage (TE) » Angabe wie viel Teig für eine Backware (z. B. Brot oder Brötchen) notwendig ist.

Vorteig » Teig, der vor dem Hauptteig zubereitet wird. Darin befinden sich Getreidemahlerzeugnisse, eine Schüttflüssigkeit und ein Treibmittel (Hefe, Sauerteig). Auch Salz kann Bestandteil sein. Klassische Vorteige sind Poolish, Biga und Sauerteig.

BEZUGSQUELLEN

Die Rezepte in diesem Buch sind mit Mehlen und Backhelfern der folgenden Hersteller entstanden.

Mehl
Drax Mühle:
https://www.drax-muehle.de
Eiling Mühle:
https://www.biomuehle-eiling.de
Minderleinsmühle:
https://minderleinsmuehle.de

Bäckermesser, Teigkarten, Nudelhölzer, Schneidebretter
Schnitt-Holz von Jochen Hauer:
https://www.schnitt-holz.com/de

Gärkörbe, Kastenformen
Minerva Handelsgesellschaft mbH:
https://teetraeume.de

WEITERFÜHRENDE LITERATUR

Afzal, M.; Pfannstiel, J.; Zimmermann, J. et al. (2020): **High-resolution proteomics reveals differences in the proteome of spelt and bread wheat flour representing targets for research on wheat sensitivities**: https://www.nature.com/articles/s41598-020-71712-5

Brenneis, Siegfried; Kötter, Engelbert (2016): **Urgetreide: Dinkel, Emmer, Urroggen und mehr – Chancen für die Bäckerei.** Matthaes Verlag, Suttgart

Miedaner, Thomas; Longin, Friedrich (2022): **Unterschätzte Getreidearten – Einkorn, Emmer, Dinkel & Co.** ERLING Verlag, Clenze

Morita, E. et al.: **Fast omega-gliadin is a major allegen in wheat-dependent exercise-induced anaphylaxis.** Journal of Dermatological Science

Wieser, H. (2006): **Vergleich von reinen Dinkeln und Dinkel/Weizen-Kreuzungen – Getreidetechnologie** https://www.agfdt.de/loads/gc06/wieser.pdf

Wörrle, Jana Tashina (2019): **Lange Teigführung? Besser verträgliches Brot**: https://www.deutsche-handwerks-zeitung.de backtechnik-so-ist-brot-besser-vertraeglich-147357

Sortenlisten

Bundessortenliste Deutschland Winterspelz / Winterdinkel: https://www.bundessortenamt.de/bsa/media/Files/BSL/bsl_getreide_2022.pdf (Seiten 94–99)

Sortenliste Österreich Winterdinkel: https://bsl.baes.gv.at/kulturen/getreide/winterdinkel

Liste der empfohlenen Dinkelsorten Schweiz: https://www.swissgranum.ch/documents/741931/5105944/LES2022_Dinkel.pdf/dc97335e-0249-2c1b-5b43-38a5c2a8a985

BLOGS & INTERNETADRESSEN

Homepage und Blog Marta Ullmann:
https://martaullmann.com

Instagram-Seite von Marta Ullmann:
https://www.instagram.com/martaullmann

Facebook-Gruppe Breadmania:
https://www.facebook.com/groups/Breadmania

Cookie und Co von Sonja Bauer:
https://cookieundco.de

Der Brotdoc von Björn Hollensteiner:
https://brotdoc.com

Brooot von René Dasbeck:
https://www.brooot.de

Facebook-Gruppe Marla's Homebakery:
https://www.facebook.com/groups/366444498953863

RECHNER UND ARTIKEL AUF MEINEM BLOG

Sauerteigrechner:
https://martaullmann.com/sauerteigrechner

Lievito Madre-Rechner:
https://martaullmann.com/lm-rechner

Backform-Rechner:
https://martaullmann.com/backform-rechner

Sprossen ins Brot – die volle Kraft der Natur:
https://martaullmann.com/sprossen-ins-brot-die-volle-kraft-der-natur

Sauerteigführungen – Work-Life-Balance der Mikroben:
https://martaullmann.com/sauerteigfuehrungen-work-life-balance-der-mikroben

DIE AUTORIN

Marta Ullmann (geb. Giribet Ortiz) wurde in Barcelona (Spanien) geboren. Mittlerweile wohnt sie mit ihrem Mann und ihren zwei Kindern in der Nähe von Nürnberg und arbeitet als Projektleiterin für ein Automobilunternehmen. In ihrer Freizeit macht sie gerne Sport, verbringt viel Zeit im Garten und überlegt, was sie als Nächstes backen kann.

Mit dem Brotbacken begann sie 2017, nachdem sie Weizen und Hühnereier als Trigger für ihre Migräne identifizieren konnte. Seitdem backt sie mit Dinkel und Urgetreide und ohne Hühnerei. Sie wurde Mitglied der Facebook-Gruppe „Breadmania", in der sie seit Februar 2020 im Admin-Team ist. Im August 2021 startete sie ihren Blog unter gleichem Namen, um ihre Rezepte möglichst vielen Personen zugänglich zu machen.

DANK

An erster Stelle will ich mich bei Kerstin Schlegel, der Gründerin der Facebook-Gruppe „Breadmania", bedanken. Ohne ihre Gruppe und ihr Coaching hätte ich meine Idee, selbst Brot zu backen, bestimmt aufgegeben. Kerstin hat mir beigebracht, zuerst nach Anleitung zu backen, dann Rezepte selbst zu entwickeln und zuletzt Regeln auch einmal zu brechen. Danke, liebe Kerstin, für deine Unterstützung aller meiner Schritte, die mich bis zu diesem Buch geführt haben, und für dein Vertrauen. Weiterhin möchte ich mich beim gesamten Admin- und Moderator-Team sowie bei allen Team-Mitgliedern bedanken. Dank euch ist Breadmania wie ein zweites Wohnzimmer für mich.

Weiterhin bedanke ich mich bei Bäckern und auch Hobbybäckern, die meinen Weg und meine Rezepte geprägt haben. Siegried Brenneis hat mich als Urkorn-Revolutionär sehr beeinflusst. Sein Buch „Urgetreide" legt die theoretische Grundlage dafür, wie ich mit schwächeren Mehlen arbeite. Marlene Lang hat ein unglaubliches Wissen über Sauerteige und über Rezepterstellung. Durch sie habe ich gelernt, bestehende Rezepte an meine Bedürfnisse anzupassen. Und nicht zuletzt will ich Jordi Morera Danke sagen. Mit seiner modernen und „cleanen" Art und Weise Brot zu backen revolutioniert er ganz Barcelona. Er inspiriert mich mit seinen traditionellen Backwaren, denen er einen moderneren Twist gibt.

Meiner Projektleiterin Jennifer Zajonz als Ansprechpartnerin im Verlag und meiner Lektorin Petra Teetz danke ich für den sehr freundlichen und offenen Austausch. Und auch dafür, dass sie bereit waren, ein Buch nach meinen Vorstellungen zu verwirklichen, das meine Herangehensweise widerspiegelt.

Und zu guter Letzt sage ich meiner Familie Danke – sowohl denen, die mit ihrer Zeit dieses Buch ermöglicht haben, als auch denen, die mich aus der Ferne dabei begleitet haben. Danke an meine Kinder, die jedes der Rezepte und die dazugehörigen Tests und „Fails" probiert haben und mich immer mit der ehrlichsten Kritik der Welt beschenkt haben. Und danke an meinem Mann Simon, der stets an meiner Seite gestanden und mich voll unterstützt hat.

REGISTER

Bildnachweise:
Alle Fotos, die im Folgenden nicht aufgeführt werden, stammen von der Autorin Marta Ullmann.
Die Fotos auf den Seiten 1, 6, 8, 14, 46, 64, 86, 104, 144 und 158 sowie das Coverfoto stammen von Alex La Tona (https://la-tona.com).
Alle Zeichnungen stammen von Helmuth Flubacher.
Die Icons stammen von Antje Warnecke.

Die in diesem Buch enthaltenen Empfehlungen und Angaben sind von der Autorin mit größter Sorgfalt zusammengestellt und geprüft worden. Eine Garantie für die Richtigkeit der Angaben kann aber nicht gegeben werden. Autorin und Verlag übernehmen keine Haftung für Schäden und Unfälle. Bitte setzen Sie bei der Anwendung der in diesem Buch enthaltenen Empfehlungen Ihr persönliches Urteilsvermögen ein.
Der Verlag Eugen Ulmer ist nicht verantwortlich für die Inhalte der im Buch genannten Websites.

Anmerkung zur Schreibweise (Gendering):
Gendergerechtigkeit und Inklusion sind bei uns gelebte Praxis – bei der Auswahl unserer Themen, bei der Recherchearbeit, in der Gestaltung. Unsere Texte meinen alle. Damit unsere Inhalte jedoch gut lesbar bleiben, verzichten wir in diesem Werk auf die jeweilige Mehrfachnennung oder Anpassung der Schreibweise bestimmter Bezeichnungen an die weibliche, männliche oder diverse Form.

Bibliografische Information der Deutschen Nationalbibliothek:
Die Deutsche Nationalbibliothek verzeichnet diese Publikation in der Deutschen Nationalbibliografie; detaillierte bibliografische Daten sind im Internet über http://dnb.d-nb.de abrufbar.

Das Werk einschließlich aller seiner Teile ist urheberrechtlich geschützt. Jede Verwertung außerhalb der engen Grenzen des Urheberrechtsgesetzes ist ohne Zustimmung des Verlages unzulässig und strafbar. Das gilt insbesondere für Vervielfältigungen, Übersetzungen, Mikroverfilmungen und die Einspeicherung und Verarbeitung in elektronischen Systemen.
Der Verlag behält sich das Text- und Data-Mining nach § 44 b UrhG vor, was hiermit Dritten ohne Zustimmung des Verlages untersagt ist.

© 2024 Eugen Ulmer KG, Wollgrasweg 41, 70599 Stuttgart (Hohenheim)
E-Mail: info@ulmer.de · Internet: www.ulmer.de
Konzept und Projektleitung: Jennifer Zajonz
Lektorat: Petra Teetz
Herstellung: Silke Reuter
Umschlaggestaltung, Layout und Satz: Antje Warnecke, nordendesign.de
Reproduktion: time:ray, Jettingen
Druck und Bindung: FINIDR
Printed in Czech Republic

ISBN 978-3-8186-2200-8